주민자치 활동가 21인 직문직답

민주주의!
주민자치
에서
길을 찾다

주민자치 활동가 21인 직문직답

민주주의! 주민자치에서 길을 찾다

초판 1쇄 발행 | 2022년 2월 10일

엮은이 | 주권자전국회의 · 3.1민회 · 직접민주주의뉴스
펴낸이 | 이재호
펴낸곳 | 리북
등   록 | 1995년 12월 21일 제2014-000050호
주   소 | 경기도 파주시 회동길 50, 3층(문발동)
전   화 | 031-955-6435
팩   스 | 031-955-6437
홈페이지 | www.leebook.com

정   가 | 15,000원

ISBN | 978-89-97496-63-1

주민자치 활동가 21인 직문직답

민주주의!
주민자치
에서
길을 찾다

주권자전국회의
3.1민회
직접민주주의뉴스 엮음

리북

민주주의 새로운 도약,
자치와 직접민주주의의 도전과 희망

민주주의는 위기와 새로운 과제를 해결하며 진일보해 왔습니다.

우리는 민주주의 발전의 새로운 과제와 도전 앞에 서 있습니다. 민주주의 발전과 확장에서 세계적으로 대두되는 문제는 직접민주주의 실현입니다. 이는 이론적인 문제가 아니라 삶과 현실에서의 민주주의 즉 주민자치, 시민자치의 확장과 연결되어 있습니다. 따라서 대의제 민주주의의 한계를 어떻게 극복할 것인가, 자치와 직접민주주의 가능성을 어떻게 확장할 것인가 논의에 집중이 절대적으로 필요합니다.

1987년 6월 민주항쟁 이후 '시민참여'의 모색과 실천에 많은 이들이 노력해 왔습니다. 이는 전국 각지에서 지역에서 마을에서 자치의 실험과 실천으로 많은 성과를 만들어 왔습니다. 주권자전국회의, 3.1민회, 직접민주주의 뉴스는 이러한 실험과 도전을 평가하고 대안을 고민하기 위해 주민자치의 현장의 생생한 기록을 정리하기로 하였습니다. 이를 위해 전국 각지의 자치운동과 활동가들의 이야기를 모으는 첫걸음을 내딛게 되었습니다.

자치와 직접민주주의에 대한 심도 깊은 논의도 필요하겠지만, 우선적으로 현장의 생생한 이야기를 모으고 공유하고 알리는 일부터 하자는데 뜻을 모은 결과가 이 책입니다. 현장 활동가들과의 인디뷰를 통해 집단지성의 성과를 축적해 나가고자 한 소박한 시도가 고스란히 이 책에 담겼습니다.

여러 어려움이 있지만, 우리들은 하나의 공통된 희망에 굳건히 발 딛고 있습니다. 현장에서 사람들과 함께, 구체적 문제를 해결하며 공동체의 선과 행복을 함께 만들어가는 노력의 의미와 가치를 공유하고 있습니다. 그것이 민주주의의 새로운 도약이며 확장이며 희망임을 확신하고 있습니다.

더 많은 민주주의는 더 많은 자치라고 확신합니다. 유엔이 결의한 '새천년의 목표'MILLENIUM GOAL도 그리고 한국 사회의 구조적 모순의 극복과 문명사적 전환에 대한 대응도 이러한 방향에서 해결되어야 한다고 우리는 확신합니다.

자치 현장의 이야기를 함께 나누는 노력이 민주주의 진전을 위한 논의에 생산적 계기가 되기 기대합니다. 지역에서 더 나은 삶을 추구하면서 집합적으로 고민하고 실천하는 많은 사람들에게 도움이 되고 희망이 되길 기대합니다.

자치는 새로운 세계를 여는 열쇠가 될 것입니다. 우리는 그것을 민주주의의 발전이라고 자신있게 말할 것입니다. 우리의 지향과 목표가 무엇이라 불리든 자치와 직접민주주의의 길을 통해 우리가 속한 공동체의 문제들을 해결할 것이고 또한 인간답게 행복해질 것입니다.

이 책이 우리의 민주주의 발전의 작은 디딤돌이 되었으면 좋겠습니다.

문국주 ┃ 주권자전국회의 상임대표, 3.1민회 의장

민주주의는
주권자가 입법권을 가질 때
꽃을 피웁니다

　주민자치위원회에서 민주주의를 실천하려는 정부의 의지가 주민자치회 시범사업으로부터 시작해서 정착되어가는 여정이 순조롭지만은 않았습니다. 그렇지만 직접민주주의뉴스 마을활동가 인터뷰에 응해 주신 여러분의 경험과 목소리가 전국 주민자치회 활동가들에게 공유가 되어 함께 난관을 극복하는데 도움이 되길 기대해 봅니다.

　평범한 시민들을 위해 고안된 인류의 지혜, 민주주의. 민주주의는 시민에 의한 권력을 뜻합니다. 불평등을 넘을 수 있는 유일한 희망이 민주주의입니다.

　프랑스 대혁명이 일어난 것은 루소가 사망하고 12년 뒤인

1789년이었고, 그 혁명에 가장 큰 영향을 끼쳤다는 사회계약론이 간행된 것은 그보다 27년 전인 1762년이었습니다.

루소는 "국가의 멸망은 언제 일어나는가?"라고 질문하고, "그것은 주권자가 입법권을 상실했을 때"라고 말했습니다.

오늘날의 투표권도 그냥 주어진 것은 아니었습니다. 1838년 8월 일명 차티스트 운동이라고 불리는 선거법 개정 운동이 시작되어, 1867년 마침내 노동자들은 선거에 참여할 권리를 얻게 됩니다. 1918년에는 21세 이상의 모든 남성에게로 투표권이 확대됐습니다. 그로부터 10년 뒤인 1928년 21세 이상의 여성들에게도 선거권이 허용되기에 이릅니다. 모든 시민이 선거에 참여할 수 있는 시대가 비로소 열리게 된 것입니다.

유럽에서 서서히 늘어난 투표권은 민주주의에 대한 경험을 통해 '투표는 총알보다 강하다.'라는 말이 나왔을 정도입니다. 하지만 그 투표권이 소수 기득권층에게 돌아가면서 권력을 준다는 사실이 자각되었을 때 직접민주주의가 대두되었습니다. 그 핵심은 입법권이라고 생각합니다. 오늘날 주민자치도 결국 주민이 입법권을 가지는 방향으로 가야 하지 않을까요?

주권자가 진정한 주인이 되는 세상을 여는 방법은 무엇일까요? "정치는 군주나 입법자의 독점물이 아니다. 투표권을 가진 시민이라면 당연히 정치에 대해 잘 알아야 하고 정치에 적극적으로 참여해야 한다."라는 루소의 말로 대신합니다.

김성호 ㅣ 직접민주주의뉴스 이사장 · 공동대표

마을 속 주민자치활동을 통해
희망을 보여드립니다

그야말로 무작정 시작한 주민자치 활동가 인터뷰가 거의 2년이 되었습니다.

우리 사회는 절차적 민주주의가 어느 정도 정착되었습니다. 아무리 변한 게 없다고 우겨도 변한 것은 굉장히 많습니다. 하지만 절차적 민주주의는 여전히, 아니 어쩌면 더 소수 기득권을 위한 민주주의로 작동하고 있습니다. 부인하기 어려운 불편한 진실입니다. 그래서 사람들은 대의민주주의가 원인이라고 생각하고 직접민주주의에 관심을 갖기 시작했습니다.

하지만 저는 개인적으로 직접민주주의를 강하게 주장하는

사람들에 대해 거부감이 많았다는 것이 솔직한 심정입니다. 제가 만나본 직접민주주의자들은 대체로 거대한 이상과 관념만 가득했고, 민초의 구체적 삶과는 동떨어진 듯 보였습니다. 더욱 제가 부정적으로 생각한 것은, 대체로 그들은 우리보다 상대적으로 낮다고 여겨지는 외국을 무조건적으로 동경하고, 그에 따라 우리 현실을 비하하곤 한다는 점이었습니다.

그래서 저는 지역에서, 마을에서 활동하는 분들을 직접 만나야겠다는 생각을 했고, 그런 의미에서 직접민주주의뉴스와 3.1민회를 통해 시작한 것이 이 인터뷰였습니다. 결과는 제 선입견을 산산이 부숴 놓았습니다. 2021년까지 모두 38회 인터뷰를 했는데 할 때마다 상황, 활동 방식, 내용이 모두 다른지 정말 놀라웠습니다. 하지만 그 다름 속에서 일관되게 흐르는 공통점이 있었습니다.

인터뷰를 통해 제가 배운 것은 희망이었고, 우리의 현실에서 얻은 생생함이었습니다. 그리고 활기찬 모습이었습니다. 그리고 그것은 바로 민초들에 대한 믿음으로 이어졌습니다. 저희들은 이 모습들을 널리 알리고 싶다는 생각을 하였습니다. 그런데 인터뷰한 분들과 함께 집담회를 할 계획을 세웠지만 그때마다 코로나19가 확산되어서 결국 포기했습니다. 결국 저희들은 책을 통해 주민자치 활동가들의 생생함을 많은 사람들에게 알려야 하겠다고 생각하였습니다. 그 결과물이 이 책입니다.

활동가분들과의 인터뷰는 직접민주주의뉴스와 3.1민회의 네 사람이 주로 했지만, 일일이 거론하기 어려울 정도로 많은 분들이 도와주셨습니다. 인터뷰에 응해 주신 많은 활동가들과 인터뷰할 활동가들을 소개해 주신 많은 분들께 고마움의 마음을 전합니다. 어려운 출판 여건에서도 책을 펴내 주신 리북출판사에도 고마움의 인사를 드립니다.

이 책은 비록 작고 부족하지만 이 땅의 민주주의가 민초들을 위한 진정한 민주주의가 되는 데 밑거름이 되리라고 확신합니다.

정해랑 | 직접민주주의뉴스 공동대표, 3.1민회 부의장

우리 사회의 갈등, 마을자치 만이 풀 수 있다

후기

누구도 막을 수 없는
풀뿌리민주주의 전진

주민들의 직접민주주의 경험은
되돌릴 수 없습니다

김시홍 강남마을넷 사무국장을 만나다

먼저 자기소개를 부탁드리며 주민(마을)자치와 관련해 하시는 일은 무엇입니까.(인터뷰 당시와 변화가 있다면 인터뷰 당시 역할과 지금 하시는 일도 함께 말씀해 주시기 바랍니다.)

강남구에 있는 비영리민간단체 강남마을넷에서 사무국장이라는 직함으로 활동하고 있는 상근활동가입니다. 사무국장이라는 직함은 맡고 있는 역할과 저의 나이를 고려하신 운영위원들의 배려인 것 같습니다.

김시홍 사무국장님은 직장생활을 하다가 환경운동단체의 활동을 시작으로 마을활동을 시작하신 것으로 알고 있습니다. 마을활동에 발을 딛게 되신 계기가 궁금합니다.

2008년까지는 그저 다른 분들과 다름없이 직장생활을 하던 직장인이었습니다. 다만, 늘 사회적 이슈에는 관심을 두고 있는 정도였습니다만, 2008년 어느 주말에 가족(아내와 아들)과 함께 청계천광장 부근을 지나가다 청소년이 참여한 광우병 사태 촛불집회를 보고, 그 동안 사회적 이슈에 대한 저의 자세에 대해서 생각하게 되었고, 보다 적극적인 사회적 이슈에 참여하기로 결심하고, 강남지역촛불모임(강남촛불)에 참여하게 된 것이 계기가 되었습니다.

그러던 중에 강남에 있던 NGO단체인 강남서초환경운동연합을 알게 되었고, 2010년 회사가 철수한 후, 재취업의 어려움을 알고 본격적으로 지역에서 활동을 하였습니다. 2011년 서울시장보궐선거에 참여하게 되었던 연유로 서울시 마

을공동체 정책을 알게 되었고, 강남에서 마을공동체활동을
시작하게 되었습니다.

강남구하면 서울 최고의 부유한 동네라는 인식이 지배적인데요. 강
남구 마을운동 조직 현황은 어떤가요?

어떤 상황 또는 사물에도 동전의 양면처럼 강남구가 가지
고 있는 이미지에도 양면이 있습니다. '부유한 동네'라는 이
면에는 주민들과의 소통이 단절되어 외롭고 힘들게 생활하
는 저소득층 주민들도 있으며, 8학군이라는 이름 뒤에는 사
교육의 격차에서 오는 심리적 불안에 힘들어하는 학부모와
아이들도 있습니다. 또한 상호 간의 소통의 부재로 발생하는
주민 간의 갈등도 있습니다. 강남구의 마을운동조직이라는
것은 소통 그리고 함께 하는 것이라 생각합니다. 만나서 이야
기하고 같이 고민하고 함께 해보는 것입니다.

2012년 강남마을넷이 설립되었습니다. 강남마을넷 설립과정에 대
한 말씀 부탁드립니다.

앞에서 말씀드린 것처럼 2012년부터 강남구와 서초구에서
활동하는 지역의 기관, 단체, 개인에게 마을공동체라는 정책
으로 모임을 제안하여, 마을공동체를 함께 만들어 가기 위한
플랫폼으로 매월 만나는 마을회의를 구성하였습니다.

그러던 중에 강남마을넷과 서초마을넷으로 분리하여 활동
하였고, 2014년에는 고유번호증을 발급받고 임의단체가 되

어 운영하였습니다. 2016년에는 구성원들과의 합의를 통해서 서울시에 비영리민간단체로 등록하였습니다. 단체의 형식은 개인회원뿐 아니라, 단체회원도 가입할 수 있는 포괄적 네트워크 형태의 단체입니다.

초기에는 참여자의 자발적인 운영비 납부로 운영되었으나 여러 어려움이 있어서, 2019년부터는 단체의 지속성과 안정성을 위해서 구성원의 합의로 회비납부(일반회원, 정회원 구분)를 실시하여 운영하고 있습니다.

강남마을넷은 '마을회의'를 매달 1회 정기적으로 운영하고 있는 것으로 알고 있습니다. 마을회의는 강남마을넷의 자랑이라고 느껴집니다. 마을회의는 어떤 활동을 하는 곳이며 오랫동안 유지될 수 있는 비결이 무엇일까요?

2012년 이전까지 지역활동에 대한 포괄적 연대조직이 없었기 때문에 마을공동체 정책을 만드는 것을 계기로 지역의 기관, 단체, 개인들이 함께하는 모임이 필요하여 강남마을넷이 주최하는 마을회의가 구성된 것 같습니다. 초기의 구성원은 마을공동체에 관심이 있거나 각 구성원의 활동과 연대하고자 하는 개인과 단체, 마을공동체 관련 공모사업의 참여자 등 다양한 구성원으로 운영되었습니다. 매월 1회 모임이 운영되고 참석하는 구성원들은 각자의 활동목표를 위해서 참여하거나 지역의 구성원과의 연대활동을 모색하기 위한 구성원 상호 간의 소통의 자리였습니다.

강남마을넷이 단체로 형태를 만들어가면서는 참여해 오던 구성원들의 지역활동 내용을 공유하고 상호 간의 연대활동을 모색하였고, 구성원들의 역량을 강화하기 위한 마을교육, 마을탐방(사례현장방문), 마을축제 등의 협의를 위한 소통을 하였습니다. 최근에는 마을회의를 '마을데이'라는 명칭으로 바꾸어 실시하고 있는데, 그 모임의 내용은 동일합니다. 마을데이(마을회의)가 오랫동안 유지되어가고 있는 것은 참여하는 구성원들이 느끼는 필요성과 그 동안 함께하면서 얻어진 소통의 힘이라고 생각합니다.

서울시의 마을공동체 지원 정책사업은 오랫동안 지속되었습니다. 그러나 강남구는 예외적으로 관의 마을공동체 정책사업이 원활하지 않았는데요. 마을공동체지원센터도 최근에 설립된 것으로 알고 있습니다. 관의 지원 부재로 인해 마을활동을 하시는 데 현실적인 어려움은 없으셨나요?

지난 전임 구청장(신연희 구청장) 시기의 일입니다만, 전임 구청장은 서울시가 추진하던 마을공동체 정책을 비롯한 소위 혁신정책사업에 대해서는 미온적이며 반대적인 입장이었습니다. 특히 주민들 대상으로 하는 자치구의 홍보나 교육이 거의 이루어지지 않았습니다. 그래서 강남구 지역주민들의 마을공동체 사업 참여가 타 자치구에 비해 월등히 적었고, 마을공동체에 대해 인식하는 주민들의 수도 적었기에, 주민들로 구성된 비영리민간단체에서 마을공동체 정책의 이해를 확산시키며, 네트워크를 확대하기에는 여러 어려움도 있었습니다.

그러던 중 3년 전에 새로운 구청장이 취임한 뒤에 마을공동체 정책의 수행을 위한 마을공동체지원센터, 사회적경제 정책의 수행을 위한 사회적경제육성지원센터가 설치되어 지역의 정책사업 활성화를 위한 활동을 전개하고 있습니다. 또한 민관협치의 일환으로 행정의 각종 위원회에 강남마을넷 구성원이 참여하고 있습니다만, 민관협업에 익숙하지 않은 양쪽 모두의 관습으로 여러 어려움이 있는 것도 사실입니다.

마을활동을 하다보면 어려움도 있지만 보람이 크기도 합니다. 사람과의 관계가 중심이다 보니 좋은 사람을 만나기도 하구요. 10여 년간의 마을활동을 돌아보시면서 활동의 보람을 느끼셨던 때나, 기억에 남는 만남이 있으시면 소개 부탁드립니다.

마을공동체 사업은 서울시의 정책사업입니다. 그러나 마을공동체는 사업이 아니고 함께 살고 있는 지역을 기반으로 하는 일상생활 속의 주민활동이라 생각합니다. 그러기에 활동의 중심에는 사람이 있고 사람으로 활동이 존재합니다. 활동 속에서 지역의 많은 주민들과 만나고 헤어지기도 하고, 어떤 만남이 기억되기보다는 모든 만남을 소중하게 기억하려 합니다. 특히 단체의 회원이나 함께 활동하는 주민 구성원의 변화를 보면 최근에 함께 활동하시는 구성원은 지역의 주민이 대부분이시고 회원으로도 함께하는 구성원의 변화들이 있습니다. 이 변화가 활동의 보람이기도 합니다.

얼마 전 오세훈 서울시장은 "시민단체 전용 에이티엠", "10년간 시민사회단체에 1조원"을 지원했다면서 "잘못된 관행"을 바꾸겠다는 말을 했습니다. 물론 강남구는 관의 적극적인 지원이 인색한 곳이긴 했지만 오세훈 시장의 발언을 듣고 여러 가지 생각이 드셨을 것 같습니다. 서울시 마을활동에 큰 변화가 예상되는 상황에서 강남마을넷은 어떻게 대응해 나갈 계획인가요?

오세훈 시장은 전임 시장의 정책의 내용을 사실과 근거에 입각하여 발언하시기 바랍니다. 또한 서울시 정책사업은 전부터 항상 민관(행정과 시민)이 함께해 왔습니다. "시민단체 전용 에이티엠", "10년간 시민사회단체에 1조원 지원", "잘못된 관행"… 과연 그럴까요? 그럼 10년간 서울시 행정의 잘못을 인정하는 꼴입니다. 그럼 서울시 행정의 사과와 처벌이 우선입니다. 그동안 시민단체와 정책사업을 함께한 시민들은 행정의 지침과 절차에 따라서 함께 정책사업을 수행하였습니다.

오세훈 시장은 시장으로서 정치적이 아닌 행정적 정책적으로 서울시 행정을 수행하시길 기대합니다. 강남구뿐 아니라 각 자치구가 지금까지 서울시 정책으로 수행하였던 사업의 변화로 혼란과 곤란을 겪고 있는데, 그 동안 함께 해오던 서울시 정책 중에서도 마을공동체 사업은 주민자치와 연결이 되기에 지역 단위에서 실행되고 주민들의 직접 참여를 필요로 하는 마을공동체 사업은 자치구에서 계획을 세우고 수행해야 한다고 생각합니다.

그러나 강남구 행정은 지역주민들의 이해도와 참여도의

미온적인 상황을 근거로 적극적인 사업 추진의 의사가 나타
나고 있지 않는 상황입니다. 그러기에 강남마을넷은 강남구
행정의 적극적인 사업 계획의 고민을 촉구하고 있습니다. 행
정과의 협업의 기회는 줄겠지만 지금까지 민간의 영역에서
해오던 활동을 지속적으로 해 나갈 것입니다. 시간이 조금 더
걸릴 뿐이라 생각합니다.

주민(마을)자치운동은 지난 10여 년간 많은 변화와 성장이 있었습
니다. 앞으로는 더 큰 변화가 예상되는데요. 주민(마을)자치가 지역
에서 더 굳게 뿌리 내리기 위해 필요한 일은 무엇일까요?

어려웠던 시기? 좋았던 시기? 10년의 시간을 보내면서 강
남마을넷은 지역에서 구성원들과 함께 꾸준히 활동을 이어
왔고 앞으로도 이어갈 것입니다. 마을공동체 활동이 정책사
업이 아닌 지역주민들의 일상생활 속에서의 활동으로 이해
되고 함께 활동하는 구성원이 있으면 계속될 수 있으리라 생
각됩니다.

다만, 주민들이 하고자 하는 시민참여, 주민자치 등은 법적
장치와 함께 공적 예산이 동반되어야 할 것으로 생각됩니다.
그러기에는 중앙 정부 뿐 아니라 자치구의 법적·예산적 지
원이 필요한데, 강남구 행정과 구의회는 주민참여, 주민자치
에 대한 이해가 부족한 듯합니다. 그러기에 필요로 하는 주민
들이 꾸준히 활동을 통해서 주민참여, 주민자치의 이해를 확
산시키고 강남구 행정과 구의회를 설득해야 한다고 생각됩

니다. 주민참여, 주민자치는 행정의 주도나 주민만의 활동으로 이루어지는 것이 아닌 행정, 의회, 주민이 함께 하는 것이 필요하기 때문이라 생각됩니다.

마지막으로 김시홍 국장님께서 하고 싶으신 말씀이 있다면 부탁드립니다.

수십 년 전부터 국가의 요소인 국민의 국가 운영 참여는 대의제인 간접민주주의 방식의 형태에서 언론의 자유화와 함께 기술의 발전으로 인터넷, 통신수단의 발전, 소통 방식의 변화 등으로 더 이상 국가 운영이 몇몇 선출직 공무원 또는 정치인들만의 영역이 아닌 시민들의 참여가 활발해지고 관심도 높아지면서 직접적 참여가 가능하게 되었습니다. 서울시 행정 또한 10년간 시민에게 공모사업이라는 형태로 참여가 더욱 활성화되었고, 마을활동가로서 또는 중간지원조직의 근무자로서 참여한 주민들의 직접적 참여의 경험은 매우 중요한 경험이라고 생각됩니다.

이런 참여로서 알게 된 직접민주주의 경험이나 가능성을 시민들은 포기하지 않을 것이며 스스로 사회 문제를 해결하기 위한 주민자치, 주민참여 방식의 직접민주주의 생활이 일상화될 것으로 믿고 있으며, 그 일을 함께 하는 사람들과 계속해 나가길 원합니다.

풀뿌리민주주의가 일시 후퇴해도
그 거대한 전진의 흐름은
누구도 막을 수 없습니다

박승한 서울시민사회네트워크 대표(관악사회복지 이사장)를 만나다

먼저 자기소개를 부탁드리며 주민(마을)자치와 관련해 하시는 일은 무엇입니까.(인터뷰 당시와 변화가 있다면 인터뷰 당시 역할과 지금 하시는 일도 함께 말씀해 주시기 바랍니다.)

사단법인 관악사회복지 이사장으로 일하고 있습니다. 마을 · 협동 · 민주주의를 꿈꾸는 단체입니다. 주민의 삶의 현장에서 서로의 힘을 모아 주민이 주인이 되는 세상을 꿈꿉니다. 연령별 계층별 다양한 주민 자조모임을 만들어 공동체의 가치를 펼쳐 나가고 있습니다.

관악사회복지는 1995년 설립되었습니다. 그 시절이면 아직 마을운동에 대한 이해가 높지 않을 때라 생각됩니다. 박승한 이사장님께서 마을활동에 발을 딛게 되신 계기가 궁금합니다.

당시는 마을활동이라는 단어가 많이 사용되지는 않았고요, 당시 관악구는 산비탈 무허가 판자촌에 대한 대대적인 철거 및 재개발이 진행되어, 달동네에 살던 주민들 그리고 이들과 함께하는 학생, 종교인 등 활동가들이 가난한 이들이 누려야 할 최소한의 생존권을 지키려고 힘겨운 싸움을 벌이던 시절이었습니다.

저는 관악구에서 조그만 개인 사업체를 운영하고 있었는데, 소위 노가다라고 불리는 건설 일용직 노동자들과 함께 작은 자립 모임을 만들어서 새로운 꿈을 펼쳐 나가고 계신 성공회 신부님을 방송 보도를 보고 우연히 알게 되었습니다. 가끔 만나 지역의 여러 문제에 대해 의견을 나누며 교류하던 중, 신부님이 재개발 이후 지역사회에서 복지문제를 펼쳐 나갈 새로운 단체를 만들어야 한다는 비전을 열정적으로 설명하면서 저에게 함께 해 보자고 제안하셨습니다. 사회문제 해결에 능동적으로 참여해 본 경험이 별로 없는 작은 사업가로서 제가 할 수 있는 일은 설립과 운영에 필요한 재정적 지원이라 생각해서, 적은 자금을 보태기로 하고 참여한 것이 제 지역 시민사회운동의 시작이었습니다.

이후 사업을 그만두고 본격적으로 상근활동을 하였습니다. 2011년 박원순 시장 취임 이후 혁신정책으로 도입한 마을공동체 사업의 취지가 주민 스스로 공동체 정신을 확산시키고자 하는 관악사회복지의 비전에 부합한다는 판단으로 지역의 여러 단체와 활동가들로 구성된 '관악마을마당'을 설립하여 정책의 홍보 및 지원자 역할을 수행하기 시작했습니다.

관악구는 우리나라 빈민운동의 중심지였다고 해도 과언이 아닌데요. 관악구의 마을운동, 주민자치운동의 현황에 대한 소개를 부탁합니다.

말씀드린 대로 '관악마을마당'의 활동은 개인을 넘어 공동체의 일원으로 사회적 책임을 다하는 시민의 등장을 꿈꾸며 시작하였습니다. 마을공동체로 등장한 다양한 시민들이 시민참여예산, 마을계획, 주민자치회로 활동 영역을 넓히며 풀뿌리민주주의를 실현할 수 있도록 노력하였습니다. 2019년부터 관악구 '마을자치센터'는 다른 법인이 수탁을 받아 운영하고 있습니다. 아쉬운 점은 6개동 시범사업으로 실시한 '주민자치회'가 전면 확대되지 못한 가운데, 지방자치법 개정으로 주민자치회 실시를 위한 법적 근거가 없어지고 새로운 시장의 정책 우선순위에서도 빠지는 등 위기를 맞고 있습니다.

관악사회복지는 '연대'를 중요 기치로 내걸고 있습니다. 관악사회복지의 활동이 궁금합니다. 특히 주민자치운동과의 관계는 어떠한가요?

빈민운동으로 시작한 지역사회복지운동을 구 단위에서는 최초로 실천하고자 설립된 단체입니다. 구 단위 지역 시민사회운동은 어느 한 분야만 잘된다고 해서 문제가 해결되지는 않는다고 생각합니다. 복지, 문화, 환경, 교육, 노동 등 관악구 전체를 조망하는 시민사회운동을 위해 지역단체 연대사업을 활발히 하고 있습니다. 그러한 연대의 성과를 바탕으로 상설 연대단체 '관악공동행동'이 2018년 출범하는 데에도 한 축을 담당했다고 생각합니다.

이사장님께서 취임하신 이후 관악사회복지 활동에서 가장 기억에 남는 경험이나 사람이 있다면 소개 부탁드립니다.

변화된 사람이 사회의 변화를 이끌어낸다고 생각합니다. 관악사회복지에는 여러 주민 모임이 있는데, 80대 할머니들로 구성된 모임도 두 개 있습니다. '은빛사랑'과 '장미꽃사랑'. 장미꽃사랑 초대 대표를 맡아 활동하셨고 지금은 '나눔주민생활조합' 대표로 활동하시는 분이 있습니다. 나눔주민생활조합은 은행을 이용하기 어려운 어르신들이 적은 돈이라도 모을 수 있게 해 드리고, 또 급히 돈이 필요하신 분들에게는 빌려드리기도 하는 마을은행 정도로 생각하시면 됩니다.

이분은 '오토바이'라는 별칭으로 불러주기를 원하십니다. 동네 이곳저곳 당신이 필요한 곳에는 언제든지 달려가겠다는 뜻으로 별칭을 지으셨다고 합니다. 2018년 서울시 교육감 선거가 있을 때입니다. 당신 말로 평생 선거에서 '1번'(보수 정당)만을 찍으셨다는 분이, 당시 조희연 후보의 민주시민교육, 혁신학교 운영 등 정책 공약을 읽어 보시더니 이런 사람이 당선돼야 우리 학생들이 좋은 환경에서 자랄 수 있겠다 하시면서 뭐 도울 일이 없냐 물으셨어요.

그 때, 후보가 선거 유세 차량에서 연설할 사람을 찾고 있다고 말씀드렸더니 자기가 하시겠다고 말씀하셨습니다. 젊은 활동가들도 선뜻 맡아 하기 어려운 일인데, 오토바이님은 연설 원고를 본인이 볼펜으로 직접 써갖고 오셔서 정말 뜨거운 연설을 하셨습니다. 감동 그 자체였습니다. 지금도 관악구에 공립 어르신 요양시설을 만들어야 한다고 국회의원, 구청장 면담을 하는 등 정말 오토바이처럼 활동하시는 모습을 보면 참 존경스럽습니다.

박승한 이사장님은 서울시민사회네트워크(서울시민넷) 대표로도 활동하고 계십니다. 서울시민넷은 어떤 단체들이 함께 하는 곳인가요?

저는 풀뿌리로부터 민주주의가 시작되고 또 거기서 민주주의가 완성된다고 생각합니다. 풀뿌리 시민사회운동이 중요한 이유입니다. 관악구에 있는 어느 한 단체의 활동만으로는 안 됩니다. 지역 전체를 조망하고 지역의 변화를 만들어가려면 다른 활동가나 단체와의 연대는 필수적입니다. 그래서 상설 연대조직 관악공동행동이 만들어진 것입니다. 이제는 관악구를 넘어 서울시의 변화를 위한 시민사회운동은 어떻게 할 것이냐는 문제의식을 가져야 한다고 생각합니다. 관악구 이외에 다른 자치구에도 풀뿌리 시민사회활동의 네트워크가 다양한 형태로 존재합니다. 그런 자치구 단위의 연대 네트워크가 모인 또 하나의 네트워크가 바로 '서울시민사회 네트워크'입니다. 서울시 차원의 시민참여행정의 확대 발전으로 서울 민주주의를 꿈꾸며 활동하고 있습니다.

오세훈 서울시장의 마을(주민)자치활동에 대한 공격이 심각한 수준입니다. 'ATM기다', '다단계다' 하면서 지난 10여 년간의 마을(주민) 자치활동을 비롯한 공익활동 단체들에 대한 비난이 심각한데요. 오세훈 시장의 비난에 대한 현장분위기는 어떻습니까? 또한 오세훈 시장의 발언만 놓고 보면 10년간 마을(주민) 자치활동은 '별 의미 없는 활동'이었다고 들립니다. 박승한 이사장님은 지난 10여

년간 성장해온 서울시의 마을(주민) 자치운동을 어떻게 평가하시
나요?

한 마디로 시대정신을 역행하는 퇴행입니다. 지금 우리가
당면하고 있는 복잡한 사회 문제는 시장 혼자서 몇몇 공무원
들과 해결할 수 없습니다. 시민의 능동적이고 건설적인 참여
를 배제하고, 시민을 그저 행정의 시혜 대상으로만 간주하는
관료주의의 폐단을 또 다시 답습하려는 행태입니다.

어느 조직이나 자기만의 인식과 논리로 문제를 풀어 나갈
때 오류가 발생할 위험이 있습니다. 조직 밖의 다양한 의견을
수렴하는 절차가 필요합니다. 하물며 일반 영리 기업에도 사
외이사라는 직책이 있는 것이고, 사법부의 재판도 국민참여
제도가 있고, 심지어 가장 독단적이고 폐쇄적으로 보이는 검
찰에도 수사심의위원회라는 것이 있습니다. 수사를 계속 할
지 말지 또는 피의자에 대한 구속 영장의 청구 여부 등 자기
조직의 의사결정 과정에 외부 의견을 반영하는 것입니다.

시민의 일상생활에 직접적으로 지대한 영향을 끼치는 서
울시 행정은 두말할 필요가 없습니다.

시민의 참여를 부정하는 이런 오세훈 시장의 행태를 서울
민주주의의 죽음이라고 저희가 지난 기자회견에서 밝힌 바
있습니다. 절대 인정할 수 없다는 것이 지역 현장의 공통된
분위기입니다. 풀뿌리 시민사회를 비롯한 1,000여개 시민사
회단체로 구성된 '오! 시민행동'(퇴행적인 오세훈 서울시정 정상화를 위
한 시민행동)이 지난 11월 30일 정식 발족되었는데, 서울의 전체

시민사회는 끝까지 이를 바로 잡아나가는 노력을 게을리 하지 않을 것입니다.

지난 10년의 마을공동체 운동이 아무 성과 없는 예산 낭비였다는 오세훈 시장의 인식에 많이 놀랐습니다. 공동체 정신이 무너진 사회는 희망이 없습니다. 모든 개인이 파편화되어 버린 상태에서 약육강식의 능력주의라는 이름으로 포장한 정글의 법칙이 초래한 현대 사회의 온갖 모순이 오세훈 시장의 눈에는 보이지 않는 모양입니다. 개인주의를 넘어 이웃과 함께 공존하는 더불어 삶의 가치를 경험하는 소중한 기회가 바로 마을공동체 운동입니다.

주민자치활동의 의미도 매우 소중합니다. 헌법에 명시된 주권자로서의 권한 행사를 4년 또는 5년에 한 번 선거 때에만 행사할 수 있는 사회는 민주주의를 실현하고 있다고 말할 수 없습니다. 나와 이웃이 함께 살고 있는 마을의 문제를 동 단위 차원에서 스스로 해결하려는 활동이 주민자치회입니다. 참여의 경험을 통해 주권자로서의 인식을 갖게 되며 또한 사회구성원으로서의 책임의식도 강해질 수 있다고 생각합니다. 우리 사회의 가능한 발전을 위해 공동체정신의 회복과 참여 시민의 경험 축적은 매우 중요하기에, 이러한 정책사업은 집권자 모두가 가져야 할 시대정신이라고 생각합니다.

마을(주민)자치활동 단체뿐만 아니라 다른 부문의 공익활동 단체들까지 힘을 모아 서울시의 공익활동을 지키기 위한 공동 행동이 벌어지고 있습니다. 서울시민넷의 향후 활동 계획에 대해 말씀 부탁드립니다.

말씀드린 대로 지난 11월 30일 '오! 시민행동'이 출범하였습니다. 발족식에서 밝힌 대로 퇴행적인 오세훈 서울시정을 바로 잡기 위한 서울 시민사회의 행동은 뜨겁게 펼쳐질 것입니다. 이러한 행동이 단순히 시민사회 활동가 만의 행동에 머물러서는 안 된다고 생각합니다. 마을공동체와 주민자치의 철학을 공유하는 많은 시민들이 함께 참여할 수 있도록 서울시민넷은 노력해 나갈 것입니다.

직접민주주의 실현이라는 관점에서 마을(주민)자치활동의 성장은 대단히 중요한데요. 어떤 외부 풍파에도 흔들리지 않고 마을(주민)자치가 지역에서 굳게 뿌리 내리기 위해 필요한 것은 무엇일까요?

우선 지방자치법 개정이 필요합니다. 주민자치회 설치에 대한 법적 근거 마련을 위해 전국적으로 주민자치 법제화 네트워크가 구성되어 열심히 활동하고 있는 것으로 알고 있습니다.

자발적인 시민의 참여 확대를 위한 제도적 기회 확대도 필요합니다. 무슨 일이든 초기의 시행착오는 불가피한 측면이 있기에, 지난 10년의 결과를 냉정히 평가하여 제도적 미비점은 보완해야겠습니다. 예산이 투입된 사업이라고 조급히 성과를 내야 한다는 행정 중심적 평가는 지양되어야 합니다. 다른 한편, 시민의 자발적 참여가 더욱 확대되어야 한다고 생각합니다. 나 하나만 잘 살면 된다는 생각을 버리고 사회적 책무를 함께 나눈다는 성숙한 시민의식 함양을 위한 정책도 함께 펼쳐지면 좋겠다는 생각입니다. 조심스럽지만, 이러한 차원에서 사회적 가치를 창출해내는 시민사회운동이야말로 사회 발전에 꼭 필요한 공익활동이라는 전제 하에, 이를 적극 지원해 나가는 사업도 필요합니다.

마지막으로 박승한 이사장님께서 하고 싶으신 말씀이 있다면 부탁드립니다.

최근 D.P라는 드라마를 보았습니다. 모순으로 가득찬 군대 안에서 발생하는 끔찍한 사건을 목격하고 절망하는 주인공의 마지막 대사가 깊은 울림을 주었습니다.

'뭐라도 해야지.'

뭐라도 해야 변합니다. 나는 힘이 없다고, 이런다고 세상은 바뀌지 않는다고 절망한 채 포기하고 가만히 있으면 세상이 바뀔까요? 대통령도 아니고 시장도 아니고, 바로 우리 시민이 이 나라의 주인입니다. 시민이 주인되는 세상을 꿈꿔봅니다.

누구도 막을 수 없는 풀뿌리민주주의 전진

주민자치회는 행정에서 주민에게
공동운영자의 지위를 부여한 것

김재운 동대문구 회기동 주민자치위원을 만나다

경희총민주동문회 회장 김재운입니다. 동대문에서는 지역 공익활동을 하고 있는데 회기동 주민자치위원과 동대문구 협치회의 기반조성분과장으로 활동하고 있습니다.

2018년 회기동이 주민자치회 시범 실시 자치동으로 선정되었습니다. 그동안 주민자치위원회가 주민센터 공간 운영과 자치활동을 담당해 왔는데 주민자치회가 시범 실시되면서 주민참여가 본격화되었습니다. 주민자치회는 직접 참여하는 위원 수도 증가하였으며, 주민들이 사업 계획 수립에서 집행까지 직접 참여할 수 있도록 제도화되었습니다.

자치위원이 아니더라도 마을 일에 주민들이 주민총회를 통해 의견을 반영할 수 있는 길이 열렸습니다. 그동안 지역 활동을 하면서 국민들이 주권자로서 직접적으로 민주주의를 실현하는 것이 중요하다고 생각하고 있었는데, 주민자치회가 직접민주주의의 실현과 민관협치의 중요 단위라고 판단하여 주민자치위원으로 신청하게 되었습니다.

주민자치회는 지역적 특성에 기반해서 사업을 펼쳐 나가야 하는데요. 동대문구 회기동의 지역적 특성에 대한 말씀 부탁드립니다. 그리고 지역 내 주민자치 현황도 궁금합니다.

회기동은 인구가 만 명이 넘지 않습니다. 그리고 중요 시설로 경희대학교와 의료원이 있습니다. 대학가다 보니 학생들의 거주 비율도 높습니다. 주민자치는 규모가 작을수록 그 효과가 높습니다. 서울 424개 동 중에 만 명 이하인 곳이 30여개 됩니다. 규모 측면에서는 주민자치에 대한 다양한 실험을 하기 좋은 조건을 가지고 있습니다. 협치에 있어서도 민·관·학의 운영 모델을 만들 수도 있습니다. 현재 회기동에서 주민자치회는 4년차입니다. 어디나 같은 조건이겠으나 코로나로 인해 활동이 본격화되다 주춤한 상태입니다.

주민자치회가 시범 실시된 지 꽤 오래되었지만 아직 주민자치회에 대해 잘 모르는 사람이 많습니다. 주민자치회가 마을에서 하는 일은 무엇이며 주민자치위원이 되는 과정과 역할에 대해 말씀해 주십시오.

직접적으로는 동별로 배정된 주민참여예산에 대한 편성과 집행에 참여하는 것입니다. 아직은 예산 규모가 크지는 않지만 시간이 지나고 성과가 축적될수록 확대되리라 봅니다. 예산을 수립하고 집행하기 위해서는 이를 담당할 조직과 시스템이 필요합니다. 이것이 주민자치회이지요. 주민자치회를 체계적으로 운영하기 위해 임원과 분과를 각 동 상황에 맞게 구성하고 각급 단위 회의를 운영하게 됩니다.

회기동의 경우 월 1회 전체회의와 분과회의를 합니다. 분과는 자치회관운영분과, 마을가꾸기분과, 청년분과, 마을문화예술분과 등이 있습니다. 주민들의 의견을 직접 반영하기 위해 인구수의 1% 이상 되는 규모로 주민총회도 개최하는 것이 의무 사항입니다.

주민자치위원은 임기가 2년이며 1회 연임할 수 있습니다. 결원이 생기면 추가로 선임하게 되는데 선임해야 하는 인원보다 지원자가 많을 경우 추첨을 하게 됩니다. 예비 자치위원들은 6시간의 교육과정을 이수한 이후에 구청장으로부터 임명장을 받아 주민자치위원이 됩니다.

주민자치회 이전에는 주민자치위원회가 있었습니다. 주민자치회와 주민자치위원회의 차이는 무엇인가요?

주민자치에 대한 법률이 아직 제정되어 있지는 않습니다. 주민자치회와 주민자치위원회 모두 각 자치단체의 조례에 근거해 설치 운영됩니다. 지방자치가 도입되고 주민의 행정 참여를 확대 보장하기 위한 노력으로 여러 제도들이 생겨났는데 주민자치위원회도 그 중 하나입니다. 주민자치위원회는 주민센터에 있는 공간 운영과 주민자치에 대한 동별 자문 기구로서 역할을 수행해 왔습니다. 그러나 이때는 예산 편성권이 없었기 때문에 그 활동이 활성화되지 않은 곳이 많았고 행정에 대한 정보 전달과 자치회관 운영에 대한 비중이 컸습니다.

제주도와 서울 등 몇몇 광역자치단체에서 주민자치회 조례가 만들어지면서 행정에 주민들의 참여를 확대하는 것을 제도화하였습니다. 주민자치회는 우선 제도적으로 예산 편성권을 주민들에게 부여한 것이 가장 큰 차이입니다. 인원도 두 배 이상 확대되었으며 주민총회를 명문화하였습니다. 이를 통해 부분적이긴 하지만 행정에 있어서 보조자가 아닌 공동운영자의 지위를 부여한 것입니다.

코로나19 팬데믹 상황에서 활동이 쉽지는 않으셨을 텐데요. 그래도 활동하시면서 여러 가지 소감이 있으실 것 같습니다. 보람되는 일도, 어려운 점도 있으실 텐데 자치위원 활동 소감을 말씀해 주세요.

우선 다양한 사람들을 만날 수 있던 것이 소중한 경험입니다. 행정을 담당하시는 분들 그리고 그 분들이 어떠한 일을 하는지 가까이서 구체적으로 보고 이해할 수 있었다는 점입니다. 또한 회기동을 숫자로만 이해했다면 그 속에서 생활인으로서 삶아가는 이웃들의 삶을 함께 나누고 있다는 점입니다.

코로나로 마지막에 실행되지는 않았지만 계획을 수립하고 준비를 모두 마친 사업이 있었습니다. '회기동 어르신자서전 만들기'입니다. 회기동에 어르신과 청년들 각 10명을 선정하여 청년이 어르신과 만나 인터뷰하고 이를 책으로 출판하는 것입니다. 대상자와 집필할 사람도 다 선정하여 인터뷰를 하려는 단계에서 코로나로 계속 일정을 미루다 결국 기한 없이 보류되었습니다. 만남의 과정 자체가 세대 간 소통으로 의미 있게 보았으며, 이를 출판하는 것은 그 자체로 여러 번 누적 되면 회기동의 역사를 기록하는 것이고, 토크콘서트 형식으로 발표회를 하려고 했습니다. 이것이 화합의 장이라고 생각했습니다. 코로나로 마침표를 찍지는 못했지만 계획 수립과 준비 과정을 통해 주민참여사업의 한 모델을 만들어 온 것에 대하여 보람을 느끼며 그동안의 만남은 여러 형태로 회기동의 시민력을 강화시켰다고 생각합니다.

2020년 말 지방자치법 전부개정안이 의결되었습니다. 개정안에는 주민자치회 근거조항이 삭제되었습니다. 이에 대해 어떻게 평가하시는지 궁금합니다. 더불어 주민자치법제화에 대한 사회적 논의가 확산되고 있습니다. 주민자치법제화가 어떤 방향으로 진행되어야 한다고 생각하십니까.

지방자치법에 근거 조항은 오히려 빼고 주민자치 활성화를 위해 '주민자치기본법'을 만들어야 한다고 생각합니다. 법안도 상정되어 있으나 지방분권과 주민자치에 대하여 오히려 정치권에서는 퇴행적 상황이 연출되고 있습니다. 안타까운 일이라 생각합니다.

지방분권이 정착된 지 오래되었지만 어떤 측면에서 제자리걸음인 이유는 인사권과 예산권이 중앙에 집중되어 있어서라고 봅니다. 지자체에 실질적인 예산권과 인사권이 옮겨

져야 하며 이보다 나아가 주민자치가 확대되기 위해서 읍면 동장까지 선거를 할 것인지에 대하여도 논의가 필요하다고 봅니다.

당장은 지방자치를 전면적으로 확대하는 것에 대하여는 동의를 얻기 힘들다면 그 가능성을 검토할 수 있는 근거를 마련하기 위해 '명예동장제'를 운영해 보는 것을 제안해 보고 싶습니다. 당장은 행정의 책임을 동장이 지더라도 참여의 수준을 동등하게 하기 위한 상징적인 조치입니다. 이러한 경험은 주민자치회가 전망에서 선택지를 다양하게 상상할 수 있는 시도라고 생각됩니다.

오세훈 서울시장은 주민자치회의 전면 시행을 보류한다고 발표했습니다. 주민자치회 사업에 제동이 걸린 것은 분명한데요. 현장에서 주민자치회 위원으로 활동하는 입장에서 주민자치회에 대한 오세훈 서울시장의 정책을 어떻게 평가하시는지 궁금합니다.

당장 주민자치회와 관련해서는 지원관 제도가 없어지는 것으로 예상이 됩니다. 현재 지원관 1명이 2개 동을 담당하여 주민자치회 운영에 관한 전문적인 지원을 하고 있으며, 구별로 마을자치센터가 종합적인 계획과 체계적인 운영을 담당하고 있습니다. 이런 시스템이 없어진다면 주민자치위원회 수준으로 회귀할 것이라고 누구나 예상하고 있습니다. 서울시의 정책 변화는 주민자치뿐만 아니라 여러 분야에서 이루어지고 있습니다.

시장이 바뀐다고 해서 지방자치와 주민참여가 변해서는 안 된다고 봅니다. 정치는 주권자로서 국민들의 행정 참여를 더욱 활성화하고 협치의 수준을 높여야 합니다. 이렇게 함으로써 좋은 행정을 할 수 있기 때문입니다. 당장의 정치적 유불리로 기본 정책을 후퇴시키거나 훼손해서는 안 된다고 봅니다.

주민자치회가 발전해 나가기 위해 시급히 해결되어야 할 일은 무엇이라고 생각하시나요? 그리고 주민자치의 활성화가 직접민주주의(풀뿌리민주의)의 대중화에 기여할 수 있는 점은 무엇이라고 생각하시는지 듣고 싶습니다.

우선은 코로나가 빨리 종식되었으면 좋겠습니다. 주민자치에는 직접 참여가 기본입니다. 물론 지금도 위드코로나 상황에 맞게 만남의 형식을 다양하게 하면서 주민자치 활성화를 위해 많은 사람들이 노력하고 있습니다.

좀 더 나아가기 위해서는 주민들이 절대적 다수가 등장해야 합니다. 주민자치회에서 여러 사업을 진행하고 있는데 이 사업이 종료되었을 때 사람이 남는 방향으로 사업이 계획되어야 할 것이며 결과로 소모임이라도 만들어져야 합니다. 다양한 소모임을 만들기 위한 노력도 필요하고 주민자치위원이 아니더라도 참여할 수 있도록 분과별로 열린위원의 확대도 필요합니다.

그리고 이러한 것들을 보장하기 위해서는 주민들이 결정할 수 있는 권한을 확대하는 것이 필요합니다. 주민참여예산 규모 자체가 너무 적습니다. 이를 확대하여야 하며 이를 운영하는 데 있어서 행정적 문턱이 높기 때문에 제도적으로 절차를 간소화하거나 지원 역량이 체계적으로 마련되어야 합니다.

결국은 다수가 참여해야 직접민주주의의 영역은 확대되는 것이라고 봅니다. 끊임없이 주민들의 참여를 위한 다양한 기회를 마련하고 주민들의 참여가 지속될 수 있도록 노력하는 사람들이 많아져야 합니다.

마지막으로 김재운 위원님께서 하고 싶으신 말씀이 있으시다면 부탁드립니다.

주민자치가 이제 시행되고 정착되려는 단계입니다. 정답이 아니더라도 다양하게 해보아야 합니다. 그래서 과정이 중요합니다. 아직은 잘 몰라 최선의 방법으로 하지는 않았더라도 이 과정을 통해 보람이 남고 사람이 남는다면 다음 단계에서는 좀 더 좋은 답을 찾아 갈 것이기 때문입니다. 행정이나 제도만을 바라보아서는 안 될 것입니다. 행정과 주민참여는 동시에 함께 가는 것이라고 봅니다. 주민들이 모이고 움직이면 좋은 행정을 위해 고민하는 많은 공직자에도 동기 부여가 되리라 봅니다.

주민자치회,
마을과 사람을 만나다

주민자치회는
대한민국의 가장 작은 정부

최원녕 종로구 평창동 주민자치회 회장을 만나다

안녕하세요. 최원녕입니다. 주민자치회를 시작하면서 작은 명함 하나에도 꿈을 담고 싶어서 직접 작성했던 명함을 먼저 소개하고자 합니다.

행복한 주민 행복한 마을. 혁명을 하려면 웃고 즐기며 하라는 D.H 로렌스의 <제대로 된 혁명>이라는 시가 생각납니다. 주민자치회는 가장 작은 정부인 마을에서부터 혁명을 시작합니다. 많이 웃고 춤추고 노래하며 때로는 토론의 열기로 진지하며 우리가 꿈꾸는 세상을 향해 먼저 나 자신을 변화하며 작고 서툰 발걸음을 마을로 옮겨 봅니다. 사람살이에 온기를 불어 넣으며 평창동은 지금 서로가 서로의 곁이 됩니다.

어떤 주민자치회를 만들고 싶은지 소망을 그려 넣을 때만 해도 설렘으로 가득 찼었는데 꿈과 현실이 너무 다르고 갈 길이 너무 멀어서 상처가 더 많은 추억 속의 명함이 되어 버렸습니다.

종로구는 17개동이 있고 평창동, 혜화동, 창신동 3개동만 주민자치 시범동으로 출발하였고 인터뷰 당시에는 평창동 주민자치회 회장이었지만 2021년 4월 30일부로 주민자치 1기 시범동이 막을 내렸습니다.

주민자치회는 막을 내렸지만 12월 3일에는 그동안 민관이 함께 오랫동안 준비해 왔던 민관협치사업 [즐겁게 배우며 행복한 공감을 나눠요]을 했습니다. 체험교실도 하고 레크리에이션도 하고 의미와 감동이 있는 시간이었습니다.

지금은 다시 한국지역사회교육협의회 강사로 돌아갔고 12월 20일에는 도시재생지역인 도봉의 주민사랑방 초청으로 소통을 주제로 모처럼 대면강의와 줌 강의를 함께 진행했습니다.

주민자치회 회장으로 활동하셨는데요. 주민자치회에 관심을 갖고 회장까지 역임하시게 된 과정이 궁금합니다.

저는 한국지역사회교육협의회(SINCE 1969, KACE부모리더십센터)에서 20년간 부모교육 활동가이자 강사로 일했습니다. 한 아이를 잘 키우려면 온 지역사회가 필요하며, 가정과 학교와 지역사회가 함께 힘을 합해야 합니다. 건강한 가정, 즐거운 학교, 활기찬 지역사회 세 가지는 제가 청춘을 몸담았던 일터의 중심 가치였습니다. 한국지역사회교육협의회 차원에서 홈빌더라는 위기가정 지원사업에 참여는 해 봤지만, 정작 제가 사는 마을로 들어와서는 아무 것도 함께 나누며 경험해 본 적이 없었습니다.

그러던 차에 한국지역사회교육협의회 서울센터의 회장을 하던 중 우연한 기회에 마포에서 주민자치회 기본교육을 이수했습니다. 그 후에 얼마 되지 않아 마침 제가 20년간 몸을

담았던 한국지역사회교육협의회 중앙에서 동작구 마을 일을 위탁받게 되었습니다. 응모해 보라는 제의를 받고 센터장에 지원해서 최고 높은 면접점수를 받았다는 기분 좋은 후문이 있었지만, 정작 마을 일을 해 본 경험이 없어서 양해를 받으며 포기했습니다. 그리고 나서 몇 개월 후에 실제 제가 살고 있는 마을에서도 주민자치회 위원 모집 현수막이 붙었습니다. 세 가지 가치 중에 개인적으로 가장 실천이 따르지 못했던 부분이기도 했고, 제대로 한 번 뛰어들어 경험을 쌓아두면 경험이 없어서 포기해야 하는 일은 발생하지 않을 것이라 생각했습니다.

크게 훌륭하거나 근사한 동기라기보다 지극히 평범한 계기에서 활동하게 되었고 워낙 막강하게 드센 동네라는 이미지가 강해서 딱히 처음부터 회장을 하고 싶은 의도는 없었습니다. 당시 마을자치센터에서 남성과 여성 두 분의 지원관이 파견 나와 계셨고 로스쿨 교수, 행정 실무경험이 많았던 분, 법을 전공했던 저를 비롯해서 몇 분의 위원들이 먼저 평창동 주민자치회 세칙을 완성하는 봉사를 했습니다. 세칙을 만들면서 이런 저런 이야기를 나누었던지라 다른 위원들보다 조금 더 친밀도는 있었는지 6시 마감 직전까지 망설이며 지원서를 내지 않고 버티는데 회장 지원자가 많으니 한 번 지원해 보라며 전화까지 주셔서 망설이다가 마감 직전에 제출했다가 결국 단독출마가 된 셈입니다.

자랑할 것도 너무 많지만 개선점을 위주로 한 솔직한 대답
이 앞으로 주민자치 활성화에 도움이 되리라 생각합니다. 영
화 기생충의 모티브가 될 만큼 스펙트럼이 넓고 또렷한 동네
가 평창동이라고 생각합니다. 로스쿨 교수부터 청소노동자
까지 한 동네에 사는데, 모두 그런 것은 아니지만 반드시 학
력이나 학벌이 실력이 아님을, 가졌다고 더 여유롭게 타인을
배려하는 따뜻하고 인간미 넘치는 사람이 아님을 영화가 아
니라 현장에서 만날 수 있는 재미있는 곳입니다.

마을 일을 하면서 느낀 것은 첫 회의를 시작할 때부터 특별
한 이슈 자체가 없는데도 뭔가 화가 잔뜩 났거나 혹시 어디
서도 인정받지 못한 결핍을 가진 사람들이 모여든 것은 아닌
지 의구심이 들 정도로 처음부터 상당히 거칠었습니다. 나중
에 알게 된 사실인데 주민자치회 시범동으로 자치위원을 선
정할 때 기존 토호세력을 기반으로 한 주민자치위원회 위원
들과 새롭게 탄생된 주민자치회 위원들이 섞이게 되었는데
(50명 중 19명) 쉽게 말해 기존 활동하던 위원회가 세력이라면
세력인데 챙김이라는 인사가 빠졌고, 제가 마을을 너무 모르
고 회장이 되었더라구요. 제가 사는 마을은 좀 더 수준이 높
고 다르겠지 라는 기대감이 착각이었고, 경험을 가진 과거 위
원이 경험치를 아름답게 이어주리라는 기대감이 어리석었습
니다.

그런데 이런 유치한 현상은 저희 동네만 그런 게 아니라 다른 곳도 대동소이했습니다. 게다가 주민자치회를 구성하는 위원들의 평균 연령대가 너무 높고 회의 분위기가 경직되다 보니 제대로 관심을 가졌던 사람들은 너무 알아서 유치해서 빠지거나 바빠서 빠지고, 열정과 시간이 되는 일부 위원들은 실제 하고 싶은 것과 할 수 있는 것 사이의 간극을 열정만으로는 메우기 힘들 만큼 간단한 회의 절차마저 몰라서 힘들었습니다. 간단한 결정 외에는 정기회의에 상정할 안건을 임원회의를 통해 도출해 본 기억이 거의 없을 정도입니다.

그러다 보니 실제 정기회의는 길어지거나 치열해지고 자연히 사무국과 지원관의 역할이 많아지는 구조였습니다. 경험치를 가진 주민자치위원회 분들도 과거 주민자치위원회에서 실제 민주적이고 절차적인 의사결정 과정에 익숙한 분들이 아니었고, 거수기 외에 한 일이 별로 없었다는 경험담을 오히려 더 많이 듣게 되었습니다.

주민자치위원회도 주민자치회도 대동소이한 현주소입니다. 시범동은 말 그대로 시범으로 하는 동이긴 한데 주민들이 적극적으로 주민자치를 실험하고 시행착오를 스스로 경험하는 무대였다는 생각보다 오히려 마을자치센터라는 중간조직이 주민자치라는 시행착오를 경험하고 실험하는 시간이었다는 생각을 하게 됩니다.

회장 활동을 하신 시기가 코로나19 팬데믹 시기와 겹쳐서 활동에 주민총회와 송년회(평가회)와 된장 담그기 등 함께했던 사업을 통해 주민을 만났고 만남을 통해 이웃을 알게 되고 함께 성장하는 시간이었습니다. 행정안전부에서 취재를 나올 정도로 발 빠르게 스마트폰 등 인터넷 활용 방법과 줌 활용방법을 반복해서 교육한 결과 위원들 진원이 줌 활용이 가능하게 되었습니다. 청소노동자는 물론이고 80세 어르신까지 줌으로 직접 들어와서 소통을 할 수 있다는 것은 자랑이 아닐수 없습니다. 특별히 법학과 교수님이자 마을공화국 활동가인 신용인 교수님을 마을에 초청했고, 인문학자인 김응교 교수님을 초청해서 특강을 했습니다.

2019년 연말에 송년회 겸 평가회를 했습니다. 주민자치회를 시작한 지 약 8개월이라는 시간이 흘렀고 이제는 이렇게 자치회 위원들이 만나면 즐겁게 마을일을 할 수 있겠구나 싶었는데 이내 코로나가 터져서 사실상 2020년 2월부터 주민자치회 업무는 마비인 셈입니다. 위원들과 공식 소통의 창구였던 밴드를 책으로 엮었는데 남겨진 글과 사진을 보면 아쉬움이 더 커집니다.

크고 작은 모임과 행사 때마다 자주 위원님들을 만나다 보니 점점 더 연결감과 따뜻함을 느꼈고 함께 무엇이든 해낼수 있겠다는 희망을 보았는데 막상 코로나로 단절이 되었습니다. 좀 더 집중해서 열심히 하고 싶었던 일이 유연한 만남과 소통인데 전혀 예상할 수 없었던 코로나 상황으로 인해 주민자치회 사업을 제대로 펼쳐보지도 못하고 오히려 소통의 단절로 인해 커다란 오해까지 생겨서 무척 아쉽고 유감이었습니다.

제가 다문화가족들에게 소통과 생활심리(TA를 중심으로)를 강의할 때 레크리에이션 강사가 제 수업 후반부에는 꼭 같이 들어왔습니다. 아주 짧은 시간이지만 노래와 율동을 하면서 사람과 사람 사이를 연결하며 화기애애한 분위기를 만들어 주었습니다. 그래서 평창동도 화기애애한 분위기부터 만들고 서로 회의도 하고 인문학 강좌도 하고 봉사강의도 하고 싶었는데 이런 부분들을 제대로 하지 못했습니다.

코로나로 단절이 되기 전까지 그래도 신용인 교수님과 김응교 교수님을 강의에 초대했었는데 의미 있는 시간이었습니다. 코로나 상황이 아닌 상태로 제게 조금 더 시간이 더 있었다면 아마 주민자치에 대한 이해를 좀 더 돕기 위해 교육을 실시함과 동시에, 시급한 것과 장기적인 것, 쉽게 할 수 있는 것과 힘들여 해야 할 것들에 대한 청사진을 함께 그려보며 어떤 커다란 발자취를 남기기 보다 시스템을 구축해 보는 것으로 1기를 단단하게 마무리 했을 것입니다.

활동을 하면서 사람을 알아가기도 했지만 제 인생에서 사람에게 가장 큰 배신감과 실망감을 느꼈던 시간이었습니다. 코로나로 인해 제대로 회의를 할 수 없는 상황이 빚어낸 결과로 얼마든지 서로를 이해할 수 있는 상황인데도 불구하고 상황을 극단으로 몰고 갔던 사람들을 기억하며 큰 공부로 삼는 소중한 시간이었습니다. 좋을 때는 누구나 좋은 사람이지만 좋지 않은 상황일 때 불리한 상황일 때 곁이 되어주고 위로가 되어주는 귀한 이웃을 만났고, 무엇으로도 환산할 수 없는 이해의 선물을 받은 셈입니다. 제가 누군가의 위로가 되기도 했지만 저 역시 위로를 받은 셈입니다. 함께 성장하자는 회장님의 말이 고마웠다는 말을 들을 때 오히려 제가 고맙고 보람 있었습니다.

좋은 기억, 자랑하고 싶은 추억도 많으시겠지만 어려움도 그에 못지않게 많으실 것 같은데요. 주민자치회가 성장하기 위해 개선되어야 할 애로사항에 대해 말씀 부탁드립니다.

첫째, 주민자치회 조례 개정이 시급합니다. 주민자치회 관련 조례를 만든 사람과 집행해야 하는 사람과의 관점의 차이가 있고, 실제 문제가 발생했을 경우 명료한 규정이 빠져 있어서 심각한 인권침해를 가져 올 수 있을 정도로 엉성합니다. 평창동은 주민자치회 1기 종결이 2021년 4월 30일에 있었습니다. 말 그대로 시범동으로 2019년 송년회만 해도 화기애애하게 마무리를 했습니다. 그러나 2020년 코로나로 인해 사업다운 사업도 못해 보았고 주민이 주인이 되는 진정한 주민자치의 근간이 되는 민주의 문제를 물리적인 한계에 먼저 부딪히고 가로막혀 다뤄보지도 못하고 아쉽게 2021년 4월 마무리를 했습니다.

주민자치회 조례 개정이 왜 시급한지를 최근 광화문재구 조화 반대 TF팀에서 자치위원(회장) 해촉 요구 발의안을 제출한 것을 예로 들어 말씀드리겠습니다. 주민자치회 위원을 구청장에게 해촉하라고 요구하려면 조례 제13조 2항의 사유가 발생한 경우 주민자치회의 의결을 거쳐 위원을 해촉할 수 있게 하고 있습니다.

<13조 2항 1호 "위원이 그 직무를 수행하는 과정에서 권한을 남용한 경우", 2호 "직무태만 또는 그 밖의 사유로 위원에 적합하지 않다고 인정되는 경우"에 13조 3항에서 위원에게 2항의 사유가 발생한 경우에, 재적위원 3분의 1 이상의 연서를 받아 위원 해촉 요구 발의를 할 수 있으며, 재적위원 3분의 2 이상의 찬성으로 의결하여 구청장에게 그 위원의 해촉을 요구할 수 있다.>라고 규정하고 있습니다.

그런데 이 판단은 누가 할 수 있는 것인지, 명료하게 규정되어 있지 않습니다. 그러다 보니 구나 동의 행정 조직은 개입이 필요 없을 때는 개입을 하고, 막상 이런 문제가 발생해서 적극적인 행정 개입이 필요할 때는 주민들의 일이니 스스로 알아서들 하라고 합니다. 참으로 어설프기 짝이 없는 주민자치회의 현주소입니다. 이러한 애매한 조례가 명료한 내용으로 개정되고, 나아가서 법률로 정해지는 것이 필요하다고 봅니다.

둘째, 주민자치회는 정치적으로 중립이어야 한다고 규정되어 있습니다. 얼핏 들으면 주민자치회는 정치도 종교도 떠나서 참여해야 한다는 말이 맞는 듯합니다. 그러나 이것은 실제 기계적 중립이 될 때 문제가 있을 수 있다고 봅니다.

당장 버스 요금과 쌀값부터 시작해서 마을에 지하철을 개통하라는 요구까지 우리가 마주하는 일상이 작은 정치입니다. 대의민주주의에서 특정 정당인으로서 참여하는 것이나 직업 정치인으로서 정치 행위를 하는 것이 아니라 내가 원하는 정당을 지지할 수도 있고, 위원들이 각각 또렷하게 내 목소리를 낼 수도 있고 안 낼 수도 있고 자유로워야 한다고 봅니다.

그런데 현실은 정치적으로 중립이어야 한다는 대전제가 조례로 있습니다. 실제 상당히 정치적인 성향의 사람들이 모이는 곳이 주민자치회 위원들임에도 불구하고 위원들은 현재 정치적인 중립을 요구받습니다. 그런데 주민자치회의 조례를 만든 주민자치회의 당연직 고문인 구의원들에게는 상시 정치활동 무대의 하나가 주민자치회가 될 수도 있다는 것은 당장 마주하는 모순입니다. 어떤 근거로 누가 주민자치회 위원들의 정치활동을 제한하였는지 거기에 위헌적인 요소는 없는지 살펴보아야 합니다.

대한민국은 대통령선거, 국회의원선거, 시장선거 등 거의 2년마다 선거를 치릅니다. 이런 상황에서 오히려 기계적인 중립은 서로를 극혐으로 내몰 수 있다고 봅니다. 실제 마을주민 중에는 고 박원순 시장이 만든 주민자치여서 그래서 무조건 싫다는 분도 계셨습니다. 정치에 대한 표현을 안 하는 것이 정치적 중립은 아니라고 봅니다. 오히려 서로 다른 생각과 가치들을 자연스럽게 나누며 고민하는 성숙한 정치문화가 마을에서부터 출발해야 한다고 봅니다.

지금 지방자치는 주민자치위원회에서 주민자치회로 변화 중인데요.(물론 현재 어려움을 겪고 있습니다만) 주민자치위원회와 주민자치회의 가장 큰 차이는 무엇이라고 생각하시나요?

대표성이라 볼 수 있겠습니다. 쉽게 말해 누가 주도를 하느냐의 문제로 관 중심의 관치냐 주민이 스스로 주인이 되고 중심이 되는 민치냐로 구분할 수 있습니다. 학생회와 학도호국단이 적절한 예가 될지 모르겠습니다. 주민자치위원회는 주로 지역유지 중심으로 위원회가 꾸려지는데 대부분 동 (동장) 주도로 운영되며 주요 역할이 주민자치센터 운영에 관한 심의로 주민이 참여는 하지만 주민 자체가 대표성을 가졌다고 보기는 어렵고 동에 따라 다르겠지만 자칫 거수기 역할에 그치기 쉽습니다. 이에 반해 주민자치회는 주민자치 기본교육을 받은 주민들로 구성되며 주민이 주인이 되어 의사결정을 하며 대표성을 주민이 가지고 있다고 볼 수 있습니다. 주요 역할로는 주민자치위원회의 주요 역할이었던 주민자치센터 운영에 관한 심의를 포함해서 자치계획을 스스로 수립하고 주민총회를 개최하고 주민자치사무와 행정사무 협의와 업무수탁 등이 있으며 사업, 위탁수익, 기부금, 보조금, 사용료 등으로 운영됩니다.

주민자치에 대한 구의원들의 인식과 자치행정 담당 공무원들의 주민자치에 대한 인식은 아직 걸음마 수준으로 구청장의 관심과 의지에 따라 구별로 큰 차이를 보이고 있습니다. 주민자치가 걸음마 수준이라면 행정기관도 주민자치에 대한 준비도 공부도 되어 있지 않은 곳이 많아 서로가 시행착오를 겪고 있다고 봅니다.

제가 실제 2020년 동장과 함께 구의원들에게 행정감사를 받으며 겪었던 일입니다. 감사를 하러 왔다는 구의원이 내심 박원순 시장이 주민자치를 주도한다고 느꼈는지는 모르겠지만 "이런 주민자치회가 서울시에만 있어서 문제"라며 밑도 끝도 없는 지적을 하였습니다. 서울시에만 주민자치회가 있는 것이 아니며 짤막하게 주민자치 역사를 이야기해 주었습니다. 연이은 질문이 주민자치회가 구에서 예산 따서 사업을 하는 것이라며 사업에 포커스를 맞췄습니다. 그래서 주민자치는 오히려 주민참여예산이나 시민참여 예산이냐 등의 사업의 문제를 다루는 것이라기보다 주민이 스스로 자치계획을 수립하고 의사결정에 직접 참여해서 함께 공집합을 찾아내는 등 사업보다 오히려 민주의 문제를 다루는 것이라는 설명을 했습니다.

주민자치에 대해 이런 의식에 머무는 구의원들이 주민자치회 조례를 제정하다 보니 보완이 시급합니다. 실제 주민자치회를 경험해본 시범동 회장이 주민대표단을 꾸려서 공청회를 거쳐서 조례를 개정해야 한다고 봅니다.

목소리 큰 쪽으로 쏠리는 행정기관이 아니라 기준과 원칙 마련이 시급합니다. 행정 자체가 주민자치회에 대한 인식은 낮으면서 마치 하부기관에서 공모사업쯤 되는 돈을 따다가 주민자치를 실습을 하는 정도라는 인식을 하고 있습니다. 그러나 이제는 인식의 전환이 필요하다고 봅니다. 행정기관이 주도하던 종로구민을 위한 일들을 주민자치회가 행정기관과 함께 고민하고 발굴하고 일손을 덜어주는 파트너로 생각하며 협력해서 나가야 한다고 봅니다.

오세훈 서울시장의 마을(주민)자치활동에 대한 공격이 심각한 수준입니다. 'ATM기다', '다단계다'하면서 지난 10여 년간의 마을(주민)자치활동을 비롯한 공익활동 단체들에 대한 비난이 심각한데요. 주민자치회 회장으로 활동하신 입장에서 이러한 주민자치회 및 마을활동에 대한 평가를 어떻게 보시나요?

매우 잘못된 인식에서 나오는 잘못된 평가입니다. 주민자치회를 실제 경험해 본 입장에서 개선점을 이야기하는 것은 비난이 아니며 애정이 없음도 아닙니다. 오랜 시행착오를 겪었고 더 발전할 일이 남았습니다.

작년 말 지방자치법 전부개정안에서 주민자치회 근거조항

이 삭제되면서 주민자치회들의 많은 반발이 있었습니다. 그 뒤 김영배 의원의 주민자치기본법 대표발의를 시작으로 지방자치법 개정안 3개 법안, 주민자치관련법 4개 법안이 발의되어 있습니다.

최근 제가 소속해서 활동하는 3.1민회 총회에 참석했을 때 바로 이 문제가 심도 있게 다뤄졌고 시민과 미래, 직접민주주의 마을공화국 전국민회 등에서도 주민자치관련법이 논의되고 있습니다. 지금까지 발의된 내용 중에서 개인적인 선택을 하라면 김영배 의원님 법안이 제일 와 닿습니다.

마을자치회라는 중간조직에 대한 제 개인의 의견을 말씀드리고 싶습니다. 개인적인 경험으로는 훈련되지 않은 마을자치센터 '마자'의 개입은 아무런 도움이 되지 않는 것을 넘어서서 오히려 상처를 남겼습니다. 아주 끔찍할 정도로 뼈아픈 기억입니다. 물론 구마다 다른 경험을 존중하고 싶고, 제가 경험한 것이 종로마자에 국한되기에 제 발언이 마자 전체를 평가절하하는 것이 되지 않기를 바랍니다. 다만 저는 중간조직이라는 마자도 훈련과정으로 이해하고 싶습니다.

실수와 오류의 경험은 누구나 있을 수 있습니다. 저나 제가 회장일 당시의 평창동 주민자치회도 마찬가지입니다. 그런데 지금 종로는 이를 극단적인 평가로 조작해서 주민자치회를 무력화하고 주민자치위원회로 회귀하려고 합니다. 여기에 앞장서는 사람들은 평창동의 토호세력이라고 불러도 될 전 주민자치위원회 사람들과 주민자치를 표방하는 특정 단체의 중심인물로 이들은 종로구에 내는 청원서에서 "평창동에서는 실패의 교과서라고 할 정도로 다양한 형태의 처절한 제도적 모순과 간부의 전횡이 있었습니다."라는 극단적인 평가를 통해 비난을 하였습니다. 물론 사실이 아닙니다. 종로구의 혜화동 창신동 평창동 3개 시범동 중에서 평창동은 가장 활발하게 활동했고 제일 좋은 평가를 받았습니다.

이들이 이러한 비난을 하고, 청원서까지 조작해서 내는 데는 주민자치회의 활성화로 토호세력이 약화될 것을 우려하는 것도 하나의 원인이라고 생각합니다. 사실 확인 결과 위의 청원서는 혜화동 주민자치회 회장도 동의한 적 없고 종로구 17개동 주민자치위원회 협의회장도 동의한 적 없다는 분명한 메시지를 주셨고 자작극에 가까운 청원이었습니다. 그러므로 이것은 일부 세력들의 조작일 뿐입니다.

이 조작의 전말을 알게 되면서 근거를 확보한 뒤 저는 항의 문자를 보냈고, 이렇게 여론을 조장하고 배후세력까지 만들어내는 모습에 경악할 수밖에 없었습니다. 주민자치를 앞서서 주장하고 관련되는 활동을 해왔던 세월을 나름 존중했던 터라 무게를 가볍게 보지 않았고 받아들일 소중한 경험도 있다고 생각했었는데, 일부 세력과 손을 잡고 이런 일을 저질렀다는 것은 아직도 도무지 이해가 불가능한 지점이었습니다. 이 분이 왜 그랬을까를 생각해 보니 자신의 뜻대로 제가 움직여 주지 않았기 때문이 아닌가 하는 생각도 듭니다. 그 분은 제게 종로구 주민자치 여성회의 회장을 제안했습니다. 저는 그 회에 등록한 적도 없고, 너무나 갑작스런 제안이라서 거절했고, 활동 방향도 맞지 않는 것 같아서 함께 활동을 안 하겠다는 의사도 분명히 밝혔습니다. 그럼에도 아직도 종로구 여성회의 회장이라며 지속적으로 문자를 보내오고 있습니다.

어쩌면 오랫동안 주민자치를 말해 왔으면서도 정작 내 뜻에 부합하지 않거나 나와 행동을 같이하지 않으면 모두 잘못된 주민자치라는 이분법에 사로잡힌 것은 아닌지 우려가 됩니다. 정말 그동안 어처구니없는 일들이 벌어졌습니다. 듣보잡 뉴스인 지역방송을 통해서도 자신이 원하는 방향으로 가짜뉴스를 만들어서 저와 위원들의 명예를 훼손하였습니다. 그 여론 조작 때문에 저와 위원들은 지금까지도 커다란 고통을 받고 있습니다. 또 그 분과 그 분이 주도하는 조직은 지금도 김영배 안 등을 비난하면서 주민자치법제화를 무력화시키려고 합니다. 말로는 주민자치를 말하지만 사실상 관과 토호세력의 손을 잡고 자기 마음대로 하겠다는 것이 아닐까 생각합니다. 그리고 저처럼 불응하면 일부 세력과 합세해서 이런 무차별한 공격도 서슴지 않는 것입니다.

또한 참으로 알 수 없는 것은 관의 태도입니다. 앞에서도 말씀 드렸듯이구나 동의 행정 조직은 개입이 필요 없을 때는 개입을 하고, 막상 이런 문제가 발생해서 적극적인 행정개입이 필요할 때는 주민들의 일이니 스스로 알아서들 하라고 합니다. 이것 자체가 토호세력이 주민자치회를 무력화시키려는 것을 방관하는 것이라고 생각합니다. 관이 주도해서 토호세력이 주민자치위원회를 하면 이 땅에 주민자치가 바로 설까요?

이런 점들 때문에도 주민자치회가 법률로 그 근거가 정해지는 것이 무엇보다 중요하다고 생각합니다. 그렇지 않으면 끊임없이 모호한 규정 때문에 문제가 발생할 것입니다. 물론 일부 법안에서 주민자치회의 설립 자체를 어렵게 하는 독소조항들은 삭제가 되어야 하겠지요. 그런 상태에서 ATM기다 다단계다 하는 비난보다 자치활동의 법제화를 위해 합의가 이루어지면 좋겠습니다.

직접민주주의 실현이라는 관점에서 마을(주민)자치활동의 성장은 대단히 중요한데요. 어떤 외부 풍파에도 흔들리지 않고 마을(주민)자치가 지역에서 굳게 뿌리 내리기 위해 필요한 것은 무엇일까요?

시범동이라는 주민자치 형태는 일단 경제적 자립도가 없으며 독자적으로 무엇을 할 수 있는 단계도 아니고, 그렇다고 행정의 하부조직도 아닌 어정쩡한 부분이 있습니다. 읍면동에 자치예산이 별도로 골고루 책정되어야 한다고 봅니다. 또한 앞에서 조례의 불명확한 점을 이야기했습니다만 조례가 명확해져야 합니다. 법률로 정해지지 않으면 행정기관이 주민자치에 쓸데없이 개입을 하고, 정작 책임져야 할 일이 생기면 주민들이 알아서 하라고 발뺌하는 경우가 계속 생길 것입니다.

지금이란 과거의 행위를 수확하는 시간이며 동시에 미래의 씨앗을 뿌리는 시간이라고 알고 있습니다. 과거와 미래의 시간을 바꾸는 시간은 바로 지금이라고 봅니다. 코로나로 소통길이 막혔고 서로가 경험치가 없다 보니 주민자치를 제대로 하고 싶은 욕구는 있었지만 많이 서툴고 부족했습니다. 새삼 참 말할 줄 모른다는 생각을 합니다. 서로를 원망하고 탓하는 시간이 흘렀지만 그래도 바로 지금이라는 시간이 중요하다고 생각합니다. 주민총회를 하면서 했던 말을 다시 기억해 봅니다. 행복하게 마을 일을 하려면 웃고 즐기며 하자고! 서로가 서로의 곁이 되어 보자고! 공동체(cummune)를 한마디로 설명하기는 어렵지만 '서로 간에(cum)+ 선물을(cunus)+ 준다(munere)'라는 뜻에서 유래되었다고 합니다. 여러 가지 어려움이 많았지만 큰 공부였고, 끝까지 신뢰하고 응원해 준 선물같은 인연들(위원님)께 이 자리를 통해서 다시 한 번 감사드리고 싶습니다. 앞으로도 서로에게 귀한 선물이 될 수 있기를 기원합니다.

나는 행복파수꾼, 마을은 식구

추연순 종로구 평창동 주민자치회 위원을 만나다

먼저 자기소개를 부탁드리며 주민(마을)자치와 관련해 하시는 일은 무엇입니까?(인터뷰 당시와 변화가 있다면 인터뷰 당시 역할과 지금 하시는 일도 함께 말씀해 주시기 바랍니다.)

안녕하세요. 평창동 주민자치회 봉사분과에서 활동했던 추연순입니다. 현재는 주민자치위원은 아니며 제2기 모집이 요원한 상태로 지금은 생업인 청소노동자에 충실하고 있습니다. 얼마 전 마들시민극단에서 <리어왕 파고다 공원에 오다>로 노인문제와 현실을 풍자한 연극에 출연도 해보았고 12월에는 봉담 주민자치에서 앵콜 공연을 요청해서 평창동 자치회 최원녕(리어왕 첫째 딸) 회장과 함께 다녀왔습니다. 한해를 마무리하는 12월에 연탄봉사도 다녀왔고 12월을 마무리 하면서 민관협치 사업도 했습니다. 지금은 틈틈이 구청에서 실행하는 재활용 사업에 적극 참여해서 페트병을 모아서 동 주민센터에 가면 쓰레기 규격봉투로 교환해 줍니다. 환경도 보호하고 쓰레기 규격봉투도 받는 일석이조의 일을 즐겁게 하고 있습니다.

추연순 선생님은 마을에서 주민자치위원으로 일하셨는데, 생업도 있으신데 주민자치위원을 하기가 쉽지 않으셨을 것 같습니다. 주민자치위원을 하시게 된 계기가 궁금합니다.

특별한 계기는 없습니다만 마을 일을 하다 보면 봉사하는 사람이 다른 봉사 장소에서도 만납니다. 봉사는 하는 사람이 지속적으로 하는 것 같습니다. 저는 주민자치를 시작하면서 함께 성장하자는 최원녕 회장의 말이 너무 좋았고 주민자치는 끝났지만 뜻이 맞는 사람들과 텃밭도 가꿨고 협치 사업도 함께 했고 실제 지금까지 여러 가지 활동으로 만남을 지속적으로 이어오며 함께 성장하고 있습니다.

저에게는 개인적인 아픔이 있습니다. 비극적인 가정사로 가정폭력으로 2004년 남편과 이혼을 하였고, 남편은 2015년에 안타깝게도 고독사를 하였습니다. 조금 더 남편을 위로하고 이해해 볼 것을 하는 아쉬움도 있지만 그때는 견디기 힘들었던 시절이었습니다. 아이들에게도 좋은 영향력을 줄 수 없다고 생각했었지요. 그런데 막상 남편이 세상을 떠나자 마음이 아팠습니다. 남편은 독립군의 후손이고, 월남참전군인입니다. 현대사의 비극을 겪은 사람이죠. 그 상처가 적지 않았습니다. 그런데 평창동 산 깊숙한 곳에서 고독사를 한 거예요. 가슴이 아파서 저는 저 나름대로 이 사회에 봉사를 해야겠다는 생각을 하게 되었습니다. 봉사를 하면서 나눌 수 있다는 게 오히려 제가 더 큰 기쁨을 얻게 되는 것 같습니다.

평창동은 '부자동네'라는 인식이 있는데요. 평창동에서 오래 사신 것으로 알고 있습니다. 평창동은 어떤 동네인가요?

개인적으로 시내에 나갔다가도 평창동만 진입하면 공기가 다르게 느껴지며 고향같은 좋은 동네이며 아름다운 곳입니다. 집집마다 소나무가 많고 철 따라 아름다운 정원수를 심어서 자연친화적인 집이 많고 산에서 이어진 듯 형성된 마을로 약간 언덕형으로 대부분 경사져 있는데 중간부터 위쪽에 사시는 분들이 상위 1%의 부자가 많으며 아래쪽에는 반지하도 많아서 어려운 사람들도 많이 삽니다. 실제 유명세를 타는 수많은 연예인과 예술가 기업인들이 거주하고 있습니다.

주민자치회 활동을 하다 보면 마을 사람들도 많이 만나고 여러 사업도 하셨을 텐데요. 독자들에게 자랑하고 싶은 마을 일이 있으시다면 소개 부탁드립니다.

주민자치를 소개하는 팸플릿을 돌리는 일부터 만남의 시작이었습니다. 회장과 함께 마을버스 정류장 등 마을 곳곳을 차로도 이동하고 걸어서도 이동하며 많은 사람들에게 주민자치를 홍보하는 일부터 시작했습니다. 지인들 중에는 동네 언니로 만나던 것과 주민자치회에서 만나는 만남이 조금 달랐습니다. 공동체의식 같은 연대감을 느꼈습니다.

주민자치활동 중에는 봉사분과에서 함께한 장담그기가 제일 기억에 남지만 과정들 하나하나가 소중합니다. 회의에 참여해서 내 의사를 말하고 찬반을 통해서 의사를 결정하고 마을의 문제를 관심 있게 보고 발견하고 변화하고자 하는 것들을 공유하고 그런 활동 자체가 재미있는 자랑거리입니다. 특히 평창동은 시범동 중에서 가장 체계적으로 잘하고 있다는 칭찬을 외부에서도 들었고 주민들 간에도 만족도가 높았습니다. 그러나 코로나가 모든 것을 망쳐서 아쉽습니다.

좋은 일, 보람찬 일도 있지만 일을 하다 보면 힘든 일, 어려운 일도 분명히 있다고 생각하는데요. 주민자치회 위원 활동을 하시면서 가장 마음에 걸리는 애로사항이 있으시다면 무엇일까요?

정치적이고 이념적인 대립이 안타깝고 힘듭니다. 흔히 평창동을 보수적인 동네라고 합니다. 보수적인 것이 문제는 아닐 겁니다. 주민자치회는 진보 보수 떠나서 주민을 위해서 하나가 되어야지요. 그런데 위원들끼리만 있는 비공개 카톡과 밴드에서 서로가 자기가 옳다고 말하고 감정적으로 이야기하고 자기 주장만 하는 방식으로 이야기를 했는데 내로남불이었습니다. 그리고는 거기서 이야기된 것으로 명예훼손으로 고소하기도 했습니다. 비공개 카톡에서 이야기된 것은 비밀이 보장되어야 하는 것 아닌가 생각합니다. 저는 두 번이나 명예훼손으로 고소를 당했는데 다행히 하나는 혐의 없음으로 나왔고 또 하나는 결과를 기다리고 있는 중입니다.

포부가 있으실 것 같습니다. 평창동 주민자치활동을 통해 '평창동을 이런 동네로 만들어 보겠다.' 하는 게 있으시면 한 말씀 부탁드립니다.

한국지역사회교육협의회(KACE 서울)에서 마을살림 전문가 수업을 받은 적이 있습니다. 실제 경험이 있는 평창동 자치위원들이 이런 마을활동에 관련된 교육을 체계적으로 더 받고 훈련되어서 전국으로 흩어져 마을살림 전문가로 섬기는 일을 하고 싶습니다.

주민자치회 위원 활동은 자신의 시간과 정성을 아무 대가 없이 나눠야 가능한 일입니다. 쉬운 일은 아닌데요. 추연순 위원님께 주민자치회 위원 활동은 어떤 의미를 갖는지요? 더불어 주민자치회 활동을 하시기 전과 하시고 난 후 변화가 있으시다면 무엇인지 꼭 말씀 부탁드립니다.

저에게 주민자치활동은 나눔과 성장입니다. 귀한 만남을 통해 의미를 찾고 함께 활동하면서 시로가 성숙할 수 있었습니다. 그러나 한편으로 인간의 바닥도 보았습니다. 학력이 아무리 높아도 귀하게 쓰이지 않으면 더 추악한 쓰레기 인생으로 불쌍하다는 생각이 들었습니다. 코로나로 인해 만남이 확장되지는 못했지만 뜻이 맞는 사람들끼리 깊게 이해하고 살아가는 좋은 이웃들이 되었습니다.

오세훈 서울시장의 마을(주민)자치활동에 대한 공격이 심각한 수준입니다. 'ATM기다', '다단계다' 하면서 지난 10여 년간의 마을(주민)자치활동을 비난하고 있는데요. 주민자치회 위원으로 활동하신 입장에서 이러한 주민자치회 및 마을활동에 대한 평가를 어떻게 보시나요?

시작이 반이라고 계속하면 향상되고 발전할텐데 애석한 일입니다. 꼭 일하지 않는 사람들이 말이 많습니다. 박원순 시장님이 돌아가셔서 생긴 일로 안타깝습니다.

직접민주주의 실현이라는 관점에서 마을(주민)자치활동의 성장은

대단히 중요한데요. 어떤 외부 풍파에도 흔들리지 않고 마을(주민)
자치가 지역에서 굳게 뿌리 내리기 위해 필요한 것은 무엇일까요?

의식의 변화입니다. 그렇다면 지속적으로 교육의 장이 변
해야 합니다. 또한 마을일을 통해 소득으로도 연결이 되었으
면 합니다.

마지막으로 추연순 위원님께서 하고 싶으신 말씀이 있다면 부탁드
립니다.

좀 더 행복하게 마을 일을 하고 싶습니다. 주민들이 하는
일이 감시기능만 있는 것은 아니라고 봅니다. 매사 내 주장만
옳다고 생각해서 민원 넣고 큰소리치고 여론을 장악해서 끌
고 나가는 것은 비열할 정도로 비민주적인 태도라 생각하며
피로감을 느끼게 합니다. 바르게 보고 철저하게 쓰임새를 밝
히는 것도 중요합니다만, 서로 격려하고 다독여주는 게 더 필
요한 일이라고 봅니다.

주민자치회는
주민자치의 본질 아닐까요

심어진 부천시 소사본동 주민자치회 위원을 만나다

먼저 자기소개를 부탁드리며 주민자치(마을만들기)와 관련해 하시는 일은 무엇입니까.(인터뷰 당시와 변화가 있다면 인터뷰 당시 역할과 지금 하시는 일도 함께 말씀해 주시기 바랍니다.)

안녕하세요 부천시 주민자치회 총무체육분과 간사를 맡고 있는 심어진 위원입니다. 저는 경희대 법학과에 입학하여 20여 년 간 경희대 인근에 살면서 기독교 선교단체 활동과 남북경협평화활동가로 살다가 부천 소사지역에 5년 전에 이사를 오게 되어 소사본동 주민자치위원으로 활동하고 있습니다. 십여 년 전에 잠시 국회 정책비서관으로 남북관계와 한미 FTA를 담당하였고 전공인 국제경제법 박사학위를 취득하였습니다. 다양한 일들을 하며 살아 왔지만 현재 하는 일은 공산출판사의 대표로 교육과 출판 쪽의 일을 하고 있으며 최근에 <마음방역39>라는 책을 내어 사랑의 열매, 광복회와 함께 행사를 통해 코로나로 지치고 힘든 국가와 국민들에 힘과 위로가 되는 활동을 하고 있습니다.

심어진 위원님은 부천시 소사본동 주민자치회 위원으로 활동하고 계십니다. 마을활동을 결심하시게 된 계기가 궁금합니다.

20여 년간 거주한 서울 경희대 근처를 떠나 5년 전에 장모님이 계시는 부천시 소사본동으로 이사를 했습니다. 아는 사람 하나 없는 낯선 곳이었죠. 처음 3년간은 정말 힘들었습니다. 그러다가 우연히 주민자치회 위원 모집 현수막을 보게 되었죠. 그렇게 주민자치회와 인연을 맺었습니다. 18명의 위원을 선출하는 데서 추첨으로 18번째로 뽑힌 것이 지금도 신기한데 40대 중반 나이임에도 소사본동 주민자치회 막내입니다. 다른 위원님들의 조카뻘이다 보니 주민자치회 위원들에게 좀 더 친근하게 다가갈 수 있었습니다.

주민자치회는 지역적 특성에 기반해서 활동해야 할 것 같은데요. 심어진 위원님이 활동하시는 부천시 소사본동의 지역적 특성과 마을자치 현황이 궁금합니다.

부천시는 인구 85만 이상의 인구밀집지역으로 서울의 전통적인 베드타운 역할을 해왔지만 최근 유네스코 선정 국제문화도시로 채택되었습니다. 특히 국제영화제, 국제만화제, 국제비보이대회 등을 개최하고 있는 문화역량 있는 도시요 스마트시티로 거듭나고 있습니다.

행정실험도시로서 기존 소사구, 원미구, 오정구의 3개 구로 나뉜 구청장 체제를 폐지하고 현재 10개의 광역동을 신설하고 광역동장은 4급 서기관 체제를 채택하고 있습니다. 기존 동장이 5급 사무관임에 비해 상당히 높은 직급과 책임을 부여하고 있습니다.

소사는 역사와 전통이 있는 지역으로 구도심에 속합니다. 광역 소사본동은 기존 소사본동과 소사본3동이 통합된 광역동으로서 기능하며 기존 마을자치단체는 통합 또는 경우에 따라 각각 기존의 동에 존속하여 유지되고 있습니다.

주민자치회, 마을과 사람을 만나다

주민자치회의 총무체육분과에서 활동하시는 것으로 알고 있습니다. 소사본동 주민자치회는 어떤 분과로 구성되어 있나요? 소사본동 주민자치회에 대한 소개 부탁드립니다.

소사본동 주민자치회는 자치계획 및 사업운영 효율화를 위해 분과별 관할 분야를 지정하여 담당 분야에 대한 다양한 자치사업계획 발굴과 마을행사를 주관하고 있습니다. 세부적으로 총무체육분과, 안전복지분과, 문화환경분과 이렇게 3개 분과로 구성되어 있으며 분과별 담당 분야는 다음과 같습니다.

총무체육분과 : 주민총회, 참여예산주민회의, 지역현안사항, 축제 및 행사, 전시회, 자치프로그램 운영·평가, 생활체육 등 주민자치 및 체육여가에 관한 사항

안전복지분과 : 방재활동, 청소년지도, 아동안전, 건강증진, 이웃돕기 등 안전대책 및 지역복지 기능

문화환경분과 : 평생교육, 교양강좌, 청소년교실, 마을문고, 청소년 공부방, 청소, 녹지공간관리, 알뜰매장, 생활정보제공, 각종 문화활동 등 지역문화 및 환경개선에 관한 사항

주민자치회 활동을 하시면서 좋은 경험도, 힘든 경험도 있으셨을 텐데요. 지금 기억에 남는 좋은 기억과 힘든 기억을 말씀해 주실 수 있을까요?

2021년 7월 6일 '2021년 소사본동 주민총회'를 성공적으로 개최한 것을 말씀드리고 싶은데요. 코로나19 확산방지를 위

해 전년도와 같이 온라인 비대면 방식으로 진행되었지만 이번 사전투표는 전년도 신청인원 503명보다 무려 3배가 넘는 1,719명이 신청하고 1,193명이 참여해 높은 투표율을 기록하였습니다. 이는 주민자치회가 한 달간 참여를 독려하고자 소사본동 곳곳을 돌아다니며 안건을 홍보하고 온라인 사전투표 신청 접수활동을 펼쳐온 소중한 결과입니다. 주민자치위원들의 열정과 노력 덕분에 많은 주민들이 총회 개최에 관심을 가져주시고 투표에 참여해 주셔서 큰 성과를 이루었기에 계속해서 주민들과 함께하는 주민자치회가 될 수 있도록 노력할 계획입니다.

이제 주민자치회는 직접민주주의와 떼어 놓고 생각할 수 없습니다. 실제 주민자치회 위원으로 활동하시는 입장에서 주민자치회가 직접민주주의 실현에서 차지하는 위치는 어떻다고 보십니까.

몸에 빗대어 한 가지 비유를 하고 싶습니다. 모두 다 오장육부가 될 수는 없기에 그리고 또 몸의 모든 조직들은 서로가 연결되어 하나의 생명으로 기능하기에 각기 소중함이 있는 것입니다. 정치에서도 중앙조직인 국회가 있으면 말단조직과 같은 지방의 주민자치회도 있는 것이고 양자의 기능은 각자 중요하다고 생각합니다. 만약 심장의 기능을 하는 중심단위로 국회를 생각한다면 말초까지 기능을 원활하게 돕는 모세혈관과 같은 주민자치회의 기능들이 얼마나 소중하고 또 절실한 것인지 자연스레 이해가 되는 것입니다. 그런 의미에서 직접민주주의의 치자와 피치자의 동일성을 기반으로 하는 실질적 민주주의를 담보하기 위해서 주민자치회의 기능은 참으로 중요하다고 생각합니다.

직접민주주의 마을공화국 전국민회(전국민회)에서 활발히 활동하고 계신 것으로 알고 있습니다. 전국민회의 지향과 향후 활동에 대해 말씀 부탁드립니다.

'직접민주주의마을공화국 전국민회'(전국민회)에서도 여러 활동을 하고 있습니다. 주민자치회와 전국민회에 모두 속해 있는 제가 느끼는 바는 무엇보다 전국 각 읍면동에 있는 주민자치 조직들이 밀접하게 결합하고 소통해야 한다고 생각해요. 그런데 지금은 각각 분리되어 있는 상황이죠. 전국민회는 하나로 소통하는 데 지향점이 있습니다. 물론 과제도 있습니다. 국가라는 조직을 배척할 것이 아니라 생명체를 이루는 요소로 보고 행정조직과도 소통할 필요가 있습니다. 민회조직이 행정조직과 적대적 관계가 아니라 공동선을 함께 추구하는 관계라고 생각할 때 직접민주주의는 성공할 것이라는 생각입니다.

오세훈 서울시장이 주민자치회의 전면 시행을 보류한다고 발표했습니다. 서울에서는 주민자치회 사업에 제동이 걸린 것은 분명한데요. 현장에서 주민자치회 위원으로 활동하는 입장에서 주민자치회에 대한 오세훈 서울시장의 정책을 어떻게 평가하시는지, 서울시장이 바뀐 뒤 정책 변화가 부천이나 여타 지역에서 어떠한 영향을 미칠지에 대해 어떻게 생각하시는지 궁금합니다.

경기도 관할인 부천시까지 영향이 직접적으로 미치지는 않겠지만 서울의 경우 예산 감축으로 무엇보다도 위원들의 사기가 많이 떨어졌다고 생각됩니다. 서울시 각 구마다 기존에 활동 예산들이 삭감되면서 사업들의 진행이 불투명한 곳이 많다고 합니다. 아무래도 서울 주민자치의 역량이 전국적으로 가장 큰 것으로 생각할 때 전국적 차원에서 오세훈 서울시장의 성급한 정책변화가 기존 주민자치회의 자발성과 역동성이 많이 떨어지는 안 좋은 선례를 남기지 않는가 생각됩니다.

주민자치가 발전해 나가기 위해 시급히 해결되어야 할 일은 무엇이라고 생각하시나요? 그리고 주민자치의 활성화가 직접민주주의(풀뿌리민주주의)의 대중화에 기여할 수 있는 점은 무엇이라고 생각하시는지 듣고 싶습니다.

다양한 주민들의 삶의 실제적 목소리를 직접 듣고 현장에서 문제와 답을 찾으며 대화와 소통해 나가는 노력들, 이런 노력들이 진정 직접민주주의, 풀뿌리민주주의로서 역동적인 정기능을 할 수 있다고 생각합니다. 지방자치는 민주주의의 학교이며 보루라는 명언이 있지 않습니까? 이 말 그대로 우리가 실천해 나가고자 하는 의지가 있다면 분명 주민자치는 발전해 나갈 것입니다.

마지막으로 심어진 위원님께서 하고 싶으신 말씀이 있으시다면 부탁드립니다.

　직접민주주의가 좀 더 확장되고 강화되기 위해서는 무엇보다 '법제화'가 필요하다고 생각합니다. 주민자치회는 국회의원들이 좋은 법을 제정할 수 있도록 견인하는 역할을 해야 하며 국회의원들이 주권자인 국민에 의해 위임받은 자리임을 잊지 않도록 주민들의 뜻을 강하고 꾸준히 전달하는 역할을 미력하게나마 하고 싶습니다.

마을, 경쟁이 아니고 연대다

오세범 동작구 사당2동 주민자치회 회장을 만나다

먼저 자기소개를 부탁드리며 주민자치와 관련해 하시는 일은 무엇입니까.(인터뷰 당시와 변화가 있다면 인터뷰 당시 역할과 지금 하시는 일도 함께 말씀해 주시기 바랍니다.)

현재 서울시 동작구 사당2동 주민자치회장을 3년째 맡고 있으며, 2021년부터는 서울시 동작구 주민자치협의회장도 겸임하여 일하고 있습니다.

오세범 회장님께서 주민자치회에 관심을 갖고 회장까지 역임하시게 된 배경이 궁금한데요. 계기가 있을까요?

대부분의 사람들이 가정이나 직장에서는 열심히 일하고 사이좋게 살려고 합니다. 그런데 마을에서는 매일 오다가다 지나치면서도 극소수의 사람들 외에는 잘 모르고 지나칩니다. 마을에서 이웃들과 사이좋게 지내고 행복하게 살고 싶은 마음에서 아파트 동대표(감사, 회장)도 하게 됐고, 우연히 동 주민센터 앞에 걸린 마을계획단 100인 모집 광고도 보게 되어 참여하다가 자연스레 주민자치회에도 참여하게 되었습니다.

사당2동 주민자치회 회장으로 활동하셨는데요. 동작구 사당2동의 지역적 특성과 주민자치 현황에 대해 말씀 부탁드립니다.

사당2동은 이수역을 중심으로 '남성사계시장'이라는 꽤 유명한 전통시장이 있고, 뒤로는 현충원이 있으며, 그 사이 둘레길도 있어서 교통도 편하고, 생활도 편하고 자연과 가까이 있으면서 역사도 풍부한 지역입니다. 인구는 약 28,000명되고 아파트단지가 계속 들어서 아파트 거주민이 70% 이상입니다.

현재 제2기 사당2동 주민자치회는 50명의 주민자치위원과 17명의 예비위원 그리고 28명의 분과위원이 활동하고 있습니다.

회장을 하시면서 많은 사업을 진행하고 많은 마을 주민들도 만나셨을 텐데요. 다른 자치회에 자랑하고 싶은 사업이나 사람이 있다면 소개 부탁드립니다.

현재 제1기 때와 마찬가지로 7개 분과가 활동하고 있는데 모두 활발히 활동하고 있습니다만 특히 '사이좋개 꽁냥꽁냥' 분과를 자랑하고 싶습니다. 이름에서도 느껴지듯이 유기묘나 유기견을 돌보는 사업을 하고 있는데 아직도 일부 반대하는 주민도 있지만 분과원들의 헌신적이고 책임있는 활동(중성화, 돌봄 등)으로 동물사랑과 더 나아가 생명에 대한 소중함을 일깨워 주는 사업을 하고 있습니다.

그리고 자랑하는 싶은 사람보다는 제가 깊게 감명받은 사람을 소개하고 싶습니다. 사당2동의 지리적인 특성은 길 하나를 사이에 두고 자치구와 학군이 바뀐다는 것입니다. 그래서 많은 가구에서 자녀가 초·중학교 때까지는 동작구 사당2동에 거주하다가 자녀가 고등학교에 입학할 때 즈음 길 건너 서초구 방배동으로 이사 가는 경우가 흔합니다. 그러다 자녀가 대학생이 되면 보통 다시 돌아오곤 합니다.

우리나라는 세계에서 유례없이 식민지를 경험한 나라에서 성장해서 선진국 반열에 들었습니다. 사실 치열한 경쟁과 높은 교육열을 통해서 이루어온 측면이 강합니다. 그러다 보니 외형적으로는 세계 10대 선진국으로 들어왔는데, 내면적으로는 자살률도 높고 삶이 항상 불안하다고 봅니다. 결혼이나 출생율도 아주 낮습니다. 이제 행복은 더 이상 경쟁으로 이루어지는 것은 아닌 것 같습니다. 협동과 연대와 공감이 없으면 내면적으로는 굉장히 멍들 수 있다고 늘 생각해 왔습니다.

그런데 하루는 아주 열심히 활동하시는 주민자치위원 한 분이 "주민자치회 활동을 하다 보니 인생에서 행복이나 성공이 꼭 좋은 학교나 직장에 가는 것이 아니라 좋은 마을일꾼이 되는 것 같다. 그래서 중3 딸과 상의하여 서초구로 이사하지 않기로 했다."고 말씀을 하셨습니다.

저는 그 말을 듣고 아주 깊게 감명 받았습니다. "아, 이것이 바로 내가 왜 주민자치회 활동을 하는지, 주민자치회 일에 전념할 수 있는지에 대한 확실한 근거"라는 생각이 들었습니다.

좋은 기억, 자랑하고 싶은 추억도 많으시겠지만 어려움도 그에 못지않게 많으실 것 같은데요. 주민자치회가 성장하기 위해 개선되어야 할 애로사항에 대해 말씀 부탁드립니다.

내부적으로는 저를 포함해서 주민자치위원들이 "주민자치회를 왜 하는지, 어떻게 하는 것이 바람직한 것인지" 끊임없이 고민하고 토론하는 자세가 필요할 것 같습니다, 외부적으로는 주민자치에 대한 법적, 제도적 보장이 확실히 있으면 좋겠습니다.

잘 아시겠지만 작년 말 지방자치법 전부개정안이 국회에서 통과되었습니다. 그런데 주민자치회 근거조항이 삭제되었습니다. 주민자치회 회장으로서 이에 대해 어떻게 평가하시나요?

아주 잘못된 것으로 평가합니다. 32년 만의 지방자치법 전면개정이라 다른 분권조항에 대한 긍정성도 있지만 여야 합의로 주민자치회 조항만 삭제되었다는 점에서 매우 불안하고 불만스럽게 생각합니다. 특히 국회의원들이 대의제에 익숙한 나머지 주민들이 갖고 있는 풀뿌리민주주의에 대한 열망과 참여 의지를 과소평가 내지 무시하는 것이 아닐까 라는 생각이 듭니다.

오세범 회장님은 직업이 변호사이십니다. 그러다 보니 아무래도 주민자치와 관련된 법률 문제에 관심이 많으실 것 같습니다. 주민자치회가 성공적으로 안착하기 위해 필요한 법률적 개선은 무엇이라고 생각하시나요?

우선은 지방자치법에 삭제된 주민자치 조항을 복구하는 것이 필요하구요, 나아가 충분한 논의를 통해 주민자치회에 대한 개별법을 제정하는 것이 필요하다고 생각합니다.

오세훈 서울시장의 마을(주민)자치활동에 대한 공격이 심각한 수준입니다. 'ATM기다', '다단계다' 하면서 지난 10여 년간의 마을(주민)자치활동을 비롯한 공익활동 단체들에 대한 비난이 심각한데요. 주민자치회 회장으로 활동하신 입장에서 이러한 주민자치회 및 마을활동에 대한 평가를 어떻게 보시나요?

기본적으로 선출직 공무원들이 갖기 쉬운 결함(엘리트주의)에 빠진 것이 아닌지 생각합니다. 지역주민들의 자발적인 마을활동에 대한 이해가 부족하다고 봅니다.

특히 주민자치회는 현재 「지방자치분권 및 지방행정체제 개편에 관한 특별법」에 근거해서 각 시군구의 조례를 통하여 읍면동에서 실시하고 있는 법적 단체입니다. 그런데 이에 대해서 일부 시민단체의 영향 아래 있다거나 정치적 중립이 의심스럽다고 하는 것은 위 특별법 규정에도 맞지 않고 현실을 정확히 바라보지도 않는 것 같습니다.

주민자치회는 우리 헌법 제1조 제1항의 민주공화국과 제2항의 국민주권주의 정신을 읍면동에서 주민들이 일상적으로 실현하는 풀뿌리민주주의의 대표적 형태라고 할 수 있겠습니다.

직접민주주의 실현이라는 관점에서 마을(주민)자치활동의 성장은 대단히 중요한데요. 어떤 외부 풍파에도 흔들리지 않고 마을(주민)자치가 지역에서 굳게 뿌리 내리기 위해 필요한 것은 무엇일까요?

앞에서도 말씀드렸듯이 주민들이 "주민자치회가 무엇인지, 왜 필요한지"에 대한 진지한 고민과 토론이 필요하고 이를 함께 공유하고 실천하는 경험이 필요하다고 봅니다. 이를 위해 특히 주민자치위원들은 마을의 대표일꾼으로서 주민들이 함께 참여할 수 있는 마당(장)을 만들려는 노력이 필요하다고 봅니다.

마지막으로 오세범 회장님께서 하고 싶으신 말씀이 있다면 부탁드립니다.

저도 경험이 길지 않지만 우리나라에서 주민자치회는 이제 막 걸음마 단계를 벗어나서 걷기 시작한 단계로 보입니다. 그러나 전국에서 다양하게 전개되는 주민자치회 활동 사례를 보면 매우 희망적입니다.

그동안 주권재민과는 거리가 먼, 선거 때만 주인이 되고 선거가 끝나면 방관자로 남기 쉬운 주민들이 읍면동에서 자발적이고 창의적인 협동을 통한 결과 마을의 작은 변화가 일어나고 참여한 주민들 사이에 주인의식이 싹트는 것을 보면서 우리나라가 세계에서 풀뿌리민주주의의 모범이 될 날이 멀지 않았다는 생각이 듭니다.

일시 법 개정에서 삭제되었다거나 약속한 예산이 갑자기 줄어든다고 해도 주민들의 잠재력을 믿고 한발 한발 나간다면 우리나라는 진정한 민주주의의 선진국으로 도약할 것입니다. 모두 힘내시기 바랍니다. 감사합니다.

이웃의 힘을 믿고 함께 달려온 25년

김훈래 고양시자치공동체지원센터 운영위원장을 만나다

안녕하세요. 고양시에서 활동하고 있는 김훈래입니다. 저는 현재 (사)고양풀뿌리공동체 이사장을 맡고 있으며, 고양시자치공동체지원센터 운영위원장, 고양시자치분권협의회 부의장과 고양특례시 미래를 위한 시민추진단 부단장을 맡아 무늬만 특례시가 아닌 제대로 된 특례시를 만들기 위한 활동을 함께 하고 있습니다.

거슬러 올라가면 1995년부터 제가 사는 마을의 새마을지도자를 맡아 마을만들기를 시작했고, 2008년부터는 마을의 통장과 운영위원장을 맡아 마을만들기를 본격적으로 시작하게 되었지요. 그러던 사이 2009년부터 마을 앞 통일로에 고가차도가 건설될 위기에 처해 있을 때 고가차도백지화 대책위원장을 맡아 지역의 현안을 해결하기 위한 활동을 시작했고 마을 분들과 함께 백지화 운동을 벌인 결과 고가차도를 백지화하는 결실을 보게 되었지요.

통장 임기 4년을 마치고 2012년 당시 주민자치위원회에

들어와 활동하라시는 신도동장님의 권유로 주민자치위원회에 들어가게 된 것이 주민자치와 인연을 맺게 된 것이지요. 당시 주민자치위원회는 낙후되고 협소한 동 청사로 인해 주민을 위한 프로그램은 전혀 없는 상태였지요. 뭐라고 할까요, 마을 친목단체 같았다고 할까요. 이때부터 주민자치에 대해 공부하고 교육이 있으면 빠지지 않고 찾아다니며 수강을 하며 주민자치에 대한 이해의 폭을 넓혀 나갔지요. 그러면서 기획분과장을 맡아 마을신문편집위원장과 마을축제 등을 주관하며 활동을 해오다 2015년 전임자의 임기만료로 새로운 위원장을 선출하는 시기에 그동안의 저의 활동을 좋게 봐주신 위원님들의 성원으로 만장일치로 주민자치위원장에 선출되었습니다.

고양시의 지역적 특성과 주민자치 현황에 대한 말씀 부탁드립니다.

고양시는 서울 도심에서 북서쪽으로 20킬로미터 떨어진 수도권으로 서북부의 중심도시로서 군사분계선과도 20킬로미터 떨어진 접경지역이기도 한 도농복합도시죠. 지금은 109만 시민이 사는 도시로 2022년 1월 13일자로 고양특례시의 지위를 갖는 대도시입니다. 현재는 3개구 39개의 행정동으로 구성되어 있지만 2022년 1월 1일부터는 5개동이 늘어 44개동이 되죠.

고양시의 주민자치 현황은 2021년 10월 이전까지 주민자치회는 6~7년 전부터 시작된 전국과 고양시의 주민자치회 시범실시 단계에서의 7개동의 주민자치회 회장과 위원들의 수고 덕분에 여러 가지 성과가 만들어져 왔습니다. 2021년 10월부터 나머지 주민자치위원회를 주민자치회로 전면 전환한 상태입니다. 새롭게 구성된 주민자치회를 위한 [고양시 주민자치길잡이]란 주민자치회 운영 가이드북을 제가 대표로 있는 자치공동체지원센터와 고양풀뿌리공동체가 만들어 2022년 초에 배포할 예정입니다.

고양시자치공동체지원센터 운영위원장을 맡고 계신 것으로 알고 있습니다. 페이스북을 보니 '천 개의 마을꿈이 이루어지는 고양시'라고 써 있던데요. 그 의미가 무엇인가요?

　고양시에는 관과 민을 연결하는 중간지원조직이 있는데 대표적인 중간조직 중 하나가 고양시자치공동체지원센터입니다. 센터의 비전이 '천 개의 마을꿈이 이루어지는 지속가능한 마을공동체 형성'입니다. 이 의미는 고양시의 크고 작은 마을에 더불어 사는 공동체를 천 개를 만들어 공동체마다 5~10명의 마을활동가를 양성해 만 명의 활동가를 양성하겠다는 목표를 가진 비전이죠. 이것은 센터가 마을공동체를 지역, 분야, 연령대, 성장단계별로 맞춤으로 활동을 지원하고 발굴해 활동가들을 마을현장 수요에 맞게 교육과 학습제공 등을 통해 주민들의 역량을 강화하여 촘촘한 마을 네트워크를 만들어 풀뿌리 주민자치를 토대로 한 고양형 마을공동체를 확장하려고 하는 의미가 담겨 있습니다.

주민자치위원회 위원장을 하신 이력이 자치공동체지원센터 운영 위원장을 하시는 데 많은 도움이 되었을 것 같습니다. 지원센터의 활동에 대해 소개해 주시고, 주민자치회와 지원센터의 관계는 어떠한지 말씀해 주시겠습니까?

앞서 자치공동체에서 하는 활동은 비전과 목표를 설명하면서 한 것 같고요. 지원센터 수탁법인대표로서 운영위원장을 겸하고 있는데 오랜 마을만들기와 7년여의 주민자치위원과 위원장을 현장에서 겪어본 경험이 많은 도움이 되죠. 고양시 중간지원센터 중 우수한 평가를 받는 것도 그동안의 경험이 바탕이 되었다고 봐도 되겠지요.

2022년부터는 지원센터는 주민자치회 지원사업도 본격적으로 해야 하는 상황에 있습니다. 그동안 고양시 주민자치위원장으로부터 센터의 역할에 대해 비판도 받았지만, 지금은 인식이 많이 바뀌었고 센터와 법인도 주민자치회를 위한 지원책을 강구하고 있습니다. 그 대표적인 사업이 법인에서 연구 작업한 [고양시 주민자치길잡이]이고 2021년 12월 20일 토론회를 가지면서 관심이 높아졌고 각 동 주민자치회에서도 손꼽아 기다리고 있는 상황입니다.

2년 동안 코로나로 인해 활동이 쉽지 않으셨을 텐데요. 그래도 고양시자치공동체지원센터 운영위원장, 고양풀뿌리공동체 이사장, 고양시자치분권협의회 부의장을 두루 거치면서 무척 바쁘실 것 같습니다. 바쁘신 가운데 느끼시는 보람이 있으실 텐데요. 그에 대해

한 말씀 해주시지요. 자랑해 주셔도 됩니다.

코로나 시국으로 목표했던 성과를 다하지 못한 아쉬움이 많지요. 이사장과 운영위원장으로서도 욕심이 있었지만, 시국이 그렇게 만들 수 없게 만들었지요. 어쩝니까? 세상이 그런 걸 그래도 나름의 성과들로 위안을 삼고 있습니다.

전국주민자치박람회에 참가해서 수상을 하신 경험도 있으십니다. 참가 경험을 좀 나눠주셨으면 합니다. 그리고 박람회를 보시면서 전국의 주민자치 현황이랄까 방향이랄까. 주민자치에 대한 고민이 더 깊어지셨을 것으로 생각됩니다. 주민자치는 직접민주주의와 밀접한 관계가 있는데요. 우리나라의 주민자치 현황은 어떻다고 보십니까.

제가 주민자치위원장으로 선출되고 열악한 동 센터에서는 할 수 있는 프로그램이 없어서 발굴한 것이 지역의 자연환경을 이용한 프로그램 개발이었습니다. 그렇게 탄생하게 된 세대통합 프로그램이 '창놀토'란 프로그램이었는데 '매월 첫째 주 토요일엔 창릉천에서 놀자'라는 이름을 줄인 프로그램이었습니다. 남녀노소 누구나 참여할 수 있게 만들고 '창릉천에서 놀자'라는 말로 신선함을 주었지요.

이 프로그램은 당시 우리 지역을 흐르는 창릉천이 주민들의 무단 쓰레기 투기와 관리부실로 매우 지저분한 상태의 하천변을 정화하는 것이 1차 목표였고, 주민들과 정화활동을 끝내고 모여서 전래놀이를 한다거나 작은 돗자리음악회를 꾸리고, 하천 생태탐험도 하는 프로그램이었죠. 처음이라 지원금은 받지도 못했으니 어떡합니까? 주변 상인들과 농협마트 등에서 후원을 받았지요. 현물지원을요. 밀짚모자, 족대, 집게, 아이스박스, 여름에는 참여자에게 나눠줄 아이스크림, 생수 등을 후원받았죠.

2015년 봄부터 시작해서 이듬해 가을에 주민자치박람회에 이 프로그램과 함께 했던 '우리 동네 둘레길 우리 함께 걸어요' 등의 프로그램으로 출전해 덕양구청 개청 이래 처음으로 우리 동이 주민자치분야로 우수상을 받았지요. 고양시에서 주민자치분야 평가에서 꼴찌를 하던 동이 대 반란을 일으키면서 시에서도 관심이 집중되고 시 평가에서도 우수상과 마을신문평가 장려상 등을 수상하는 원년이 되었지요. 이듬해에는 마을 어르신을 위한 설날 '마을합동도배식'을 어린아이에서부터 어른들이 마을별로 찾아가서 세배를 드리는 행사를 진행해 큰 호평을 받았고, 2017년에도 주민자치박람회에서 센터활성화분야 우수사례로 수상하는 영광을 누렸답니다.

주민자치박람회에 참여하면서 느낀 점은 상을 받기 위해 봉사하는 것은 아닌데… 라는 회의감과 다른 동과 협력해야 되는데 경쟁 상대가 되어 버렸다는 것이죠. 저는 우리 동 프로그램이 많은 동으로 확대하길 바랐지만, 그렇지 않은 사례도 종종 보았습니다. 유사프로그램을 누가 먼저 했느니 나중에 했느니 하는 실랑이부터 계획 수립에서 타동에 노출되지 않도록 비밀작전 수행하듯 하는 행태에서 '이건 아니다.'라고 느꼈지요. 그런 생각에 그 다음 해부터는 저의 동은 박람회 출전은 하지 않기로 결의했었답니다. 그렇지만 더 많은 프로그램을 소화했지요. 시와 지원센터의 지원으로 일이 많아졌는데 그래서 위원들로부터 위원장은 직업이 주민자치위원장이란 소리까지 들었지요.

주민자치위원장을 역임하면서 기억에 남는 일들은 첫 번째는 1914년에 일제 강점기에 붙여진 '신도동'이란 행정동 명칭을 조선시대까지 사용했던 '삼송'이란 이름으로 되찾은 겁니다. 2017년 주민자치위원회에서 결의하고 주민투표를 통해 압도적인 찬성으로 2018년부터 되찾게 된 것이죠. 아마 전국 최초로 주민자치위원회에서 동명을 되찾은 사례로 기억될 것입니다. 두 번째로는 이 지역이 개발의 소용돌이 속에서 소외되다 보니 빈부의 격차가 심하고 오래된 전통마을에 어려운 분이 많다 보니 복지 관련 사업에 관심을 가지고 활동하게 되었지요. 예산은 연말에 '사랑나눔 일일찻집'을 통해 만들어진 기금으로 '난방비(연탄) 지원', '설날 떡국 떡 나눔', '솔바람장학금 지급', 홀몸어르신의 고독사를 예방하기 위해 야쿠르트 대리점과 협약을 맺어 건강음료와 함께 매일 안부를 묻고 동태를 파악하는 케어시스템 가동(새달지) 등이고, 세 번째는 열악한 주민센터 공간을 대체할 공간으로 공원관리 컨테이너 하우스를 시로부터 위탁받아 '창릉천 솔바람에코센터'를 개관해 생태와 환경 관련 교육프로그램과 우리동 만의 특화된 아트 관련 프로그램을 진행했던 일들이 기억에 남네요.

아직까지 우리나라에서 진정한 주민에 의한 주민자치는 시간이 걸릴 것이란 생각입니다. 말만 자치죠. 주민자치회가 되면서 더 심각합니다. 주민자치회가 해야 할 일이 많아졌지요. 예산도 이전보다 많은 예산을 쓸 수 있고요. 그러나 예산을 주는 입장에서는 사사건건 관여하고 싶어 하는 것이 있지요. 믿지 못해서, 일처리가 미숙해서 등등 50여 년 동안 관치의 습성이 남아 버리지 못하는 것이죠. 주민자치회가 동장과 대등한 위치에서 협력적 관계를 유지하게 되었지만 동장이 그걸 쉽게 받아 줄 수 있을까요. 또한, 할 일이 늘었지만 자치회장에게 지급하는 활동비나 사무국장에게 활동수당을 충분히 주지 못하고 봉사만 강요할 수 없다는 것이죠. 그렇다면 자체 수익을 낼 수 있는 구조를 만들어 지치회장이나 전담 사무국 요원들에게 제대로 수당을 지급할 수 있게끔 만들어 주어야 한다는 겁니다.

현재의 주민자치가 확실하게 뿌리를 내리고 더욱 발전하기 위해서는 어떠한 문제점들이 해결되어야 한다고 생각하시는지요?

앞선 이야기와 이어지는데 이러한 문제를 해결하는 방안 중 하나는 주민자치회장을 주민직선제로 해야 합니다. 주민이 직접 선출하는 거죠. 위원도 각 통이나 마을에서 선출하는 대표성있는 분들로 하고, 각 마을공동체의 거점이 되어야 합니다. 현재의 동장은 센터장으로 주민자치회 사무국과 민원을 처리하는 조직으로 하면 됩니다. 주민자치회는 동 의회 역할을 하게 되는 거죠. 그리고 자치회장도 자치회 일만 전념할 수 있도록 동장의 직급인 5급 상당의 유급으로 하는 거죠. 자체 주민자치회 수익법인의 대표를 겸하면서 말입니다.

주민자치의 정착과 성장을 위해 관(행정)에 바라는 것이 있다면 어떤 것일까요?

아직까지는 주민자치회 자체로 할 수 없는 구조여서 행정의 협력이 무엇보다 필요한 시기죠. 공무원들의 마인드도 바뀌어야 하고요. 바뀌기 위해선 주민자치에 대한 이해와 주민자치 행정을 하는 공무원에 대한 인센티브도 주어지고, 주민자치 담당 공무원은 주민자치 회장과 임기를 같이 할 수 있는 시스템이면 좋겠죠. 손발이 맞아야 하니까 말입니다.

주민자치가 많이 성장한 것은 사실입니다. 주민자치, 마을활동에 관심을 갖는 사람들도 늘어나고 있는데요. 마지막으로 그분들에게 한 말씀해 주셨으면 합니다.

사실 마을활동이 얼마나 재미있는 일인지 한 번 빠져 들게 되면 빠져 나오기가 쉽지 않죠. 그만큼 보람도 있고 내 한 몸 희생과 봉사로 마을이 변하고 주민들이 행복해진다고 생각하면 즐거운 일이죠. 저도 은퇴한 나이에 본격적으로 마을로 빠져 들게 되었는데요, 제 인생에서 잘한 일 중 하나라고 생각하고 있습니다. 특히 은퇴자들에게는 적극 추천하고 싶은 좋은 기회라고 말씀드리고 싶습니다. "현수막이 내걸리면 주저하지 마시고 지원서부터 쓰세요.", "주민자치로 당신의 인생이 달라집니다."라고.

마을 속에서 삶을 느끼다

마을은 직접민주주의 실현하는
종합선물세트

김영림 동작구 마을발전소 활동가를 만나다

반갑습니다! 동네에서 필요한 일은 무엇이든 이웃과 함께 풀어가는 마을발전소 김영림입니다. 동네에서는 모두들 '림'이라고 부르죠.

떼굴떼굴 떼굴떼굴 도토리가 어디서 왔나? 여기저기 골목을 누비는 모습을 보고 사람들이 붙여준 도토리란 별칭을 갖고 있는 림은 동작구에서 태어나 반백년 가까이 살고 있는 토박이로 2010년 한 동네에 사는 주민들이 책을 매개로 사교육 없는 엄마표 나눔교육을 실천하는 주민 모임에서 시작해 십여 년을 꾸준히 열정적 활동을 해 왔습니다.

2013년 서울시 찾아가는 마을공동체 강사가 되고 2014년엔 동작마을모임을 통해 마을에 뿌리를 더욱 깊이 내렸고, 2014 서울시마을반장으로 당선되어 주민들에게 즐거운 마을살이를 전하고 있습니다. 마을과 함께 커가는 도토리나무의 꿈꾸는 열매 마을반장 (참 잘 어울)림을 소개합니다.

주민들의 자원 활동을 기반으로 아이들을 위한 다양한 프로그램, 생태 활동, 도시농업 활성화, 어린이 집 재능기부, 공유마을 만들기 그리고 지역 축제 등을 꾸려오며 '내 이웃의 아픔을 내 아픔으로 느끼는' 마을공동체를 이루어 왔습니다. 동네 사람들이 우리 동네에 필요하다고 툭툭 내놓는 이야기들을 모아 사람들의 손을 보태 실현해 오고 있습니다.

요즘엔 활동가라는 이름보다 병원장으로 유명해졌습니다. 장난감병원 '장난이 아니야'를 통해 그 동안 지역에서 해왔던 다양한 활동들을 모아내고 아이들부터 어르신까지, 장애인, 비장애인이 한데 어우러져 지속가능한 공동체 회복과 서로 돌봄을 실현하고 있습니다.

김영림 활동가님은 동작구 마을발전소에서 활동하고 계신데요. 마을활동에 발을 딛게 되신 계기가 궁금합니다.

2010년 뒤늦은 나이에 해외로 입양 가기 전 아이를 돌보게 되면서 아이에게 그림책을 읽어 주려고 동네 도서관을 찾기 시작했습니다. 얼마 만에 그림책을 손에 잡은 건지, 아마 십여 년 만에 처음이지 않을까 싶습니다. 마치 늦둥이를 얻은 것 마냥 어떤 인연으로 내 품에 오게 되었는지 마냥 신기하기만 했습니다.

이렇게 입양아가 새 부모를 만나기 전까지 돌봐주는 위탁가정을 시작하게 된 건 당시 초등학교 3학년이던 아들의 말한 마디 때문이었습니다. 직장생활을 접고 주부로서의 생활을 누리는 것도 잠시 아들이 비장한 표정으로 다가와 언젠가 TV에서 봤던 미스코리아의 일일 위탁모 활동을 이야기하며 엄마도 이제 회사를 그만뒀으니 우리도 위탁 가정을 해보면 좋겠다는 한 마디에서 시작됐습니다.

요즘 엄마들이 육아 때문에 그 좋은 경력을 다 버리고 전업주부라는 이름으로, 엄마라는 이름으로 다시 집 안 울타리에

눌러 앉게 되어버린 현실도 모르고 뜬금없이 던져진 아들의 한 마디가 오늘의 '림'을 만들었음엔 틀림이 없습니다. 결혼, 출산 후에도 직장생활을 계속 이어왔기 때문에 아이 기저귀 한 번 제대로 빨아 본 적 없었습니다.

다시 늦깎이 엄마가 되어 천 기저귀를 빨고 이유식도 만들어 보고 밤새 잠투정에 칭얼거리는 아이를 재우려고 집 옥상이며 동네 어귀까지 포대기로 싸매 업고 밤 11시고 12시고 종종걸음으로 빙빙 돌았던 기억으로 가득합니다. 겨우 잠이 든 것 같아 재우려 눕히면 깨고 밤낮이 바뀐 녀석을 다시 업고 한밤중에 동네 열 두 바퀴를 도는 것이 일상이 되다 보니 낮엔 햇볕 아래 병아리마냥 나도 모르게 졸게 되고 혼자 아이를 돌보다보니 아이를 업고 화장실에 앉아야 할 때가 부지기수였습니다. 몸은 힘들었지만 내 손으로 아이를 돌본다는 마음에 어깨까지 으쓱했습니다. 어쩌면 저는 그제서야 비로소 '엄마'로 다시 태어났는지 모릅니다.

하지만 이런 자부심도 잠시, 육아로 지친 몸의 버거움이 생활 곳곳에 드러나기 시작했습니다. 널브러진 빨래들 행여나 아이가 아플까 전전긍긍하는 모습들에 가족들도 지쳐갈 무렵 이 상황을 안쓰럽게 지켜만 보던 친정엄마의 도움(구원으로 표현하고 싶다.)으로 저는 곧 다시 일상의 제자리를 찾게 되었습니다. 아이를 키운다는 것이 얼마나 힘든 일인지 출산 후 십여 년이 지나서야 뼈저리게 느끼게 된 것입니다.

동작구는 과거와 미래가 공존하는 곳입니다. 또한 전통과 현대를 나란히 마주할 수 있는 곳입니다. 덕분에 시공간을 넘나드는 상상의 나래를 펼칠 수 있고 또한 옛 정취가 많이 남아 있다 보니 도시보다는 지역 골목색이 담뿍 느껴지는 곳이기도 합니다.

동작구 마을은 혼자가 아닌 우리와 닮은 마을 모임들과 함께 발 맞춰 나아가기 위해 2014년 동작마을축제 '동작쿵짝'을 동작마을모임을 통해 25개 모임들과 함께 대방동 텃밭에서 흥겹게 잔치를 치렀습니다. 혼자일 때보다 둘이, 둘일 때보다 셋 넷일 때 더 큰 힘을 받는다는 것을 체득하게 되었습니다. 같은 마음을 가진 사람들이 함께 하니 무엇이든 해낼 수 있다는 믿음까지 갖게 되었습니다.

2017년 4월 서울시 한복판에 1급 발암물질인 폐석면을 비롯한 건축폐기물과 생활쓰레기들이 쓰레기산을 이루고 있다는 기사가 신문에 나오게 됐습니다. 재개발이 이루어지면서 강제 철거된 곳에서 나온 쓰레기를 주민들이 살고 있는 터전 한가운데에 방치한 사건이었습니다. 그곳이 바로 동작구 상도4동입니다. 코로나19로 환경 문제에 대한 관심이 더 많아지게 된 상황에서 마을이 환경문제에 관심을 가질 수 있게 된 하나의 계기가 만들어졌습니다. 골목 곳곳에 이렇게 내가 사는 동네의 문제를 스스로 찾아내고 주민의 힘으로 해결해 나아가는 크고 작은 모임들이 열정적으로 활동하고 있습니다.

마을발전소는 2015년 설립되었습니다. 마을발전소는 어떻게 만들게 되었나요?

마을발전소는 2015년 3월 12일에 개소했습니다. 우리가 살고 있는 마을 안에서 이웃들과 편안하게 소통하고 친하게 인사할 수 있는 사랑방처럼 이용할 수 있는 공유 공간이고, 이웃 간의 정을 회복하는 따뜻한 곳입니다.

지금까지 변함없이 누구나 와서 차 한 잔 마시며 사는 이야기를 하면서 그 가운데 우리에게 어떤 것이 필요한지, 마을에 어떤 일들이 필요한지, 해결해야 할 것들이 무엇인지 고민하고 해결할 수 있는 것들을 만들어가고 있습니다.

지금은 공동체 문화와 이웃 간의 신뢰 관계를 두텁게 하며 마을을 배움의 장으로 삼아 모든 세대 간 서로 교류와 돌봄은 물론, 마을 안에서 요구되는 다양한 필요에 대한 협동적 일자리 창출과 사회적 경제의 대안 경제활동과 공동체 문화 형성을 위한 교육 및 지역활동을 위해 창의적이고 지속가능한 다양한 활동을 펼쳐나가고 있습니다.

마을발전소의 대표적인 사업이라면 '장난감병원'을 꼽을 수 있는데요 '장난감병원'은 서울시의 '지역문제해결 시민실험실' 프로젝트 일환으로 시작된 것으로 알고 있습니다. 마을활동에 대한 서울시의 정책이 참 다양했구나 하는 생각이 듭니다. '장난감병원' 사업의 추진과정을 알려 주실 수 있을까요?

장난감병원의 거점 공간이 소재한 동작구 상도4동은 재개발이 이루어지면서 강제 철거된 곳입니다. 철거 과정에서 나온 쓰레기를 주민들이 살고 있는 터전 한가운데에 방치한 사건이 있었습니다. 2017년 4월 서울시 한복판에 1급 발암물질인 폐석면을 비롯한 건축폐기물과 생활쓰레기들이 쓰레기산을 이루고 있다는 기사의 발원지입니다. 그래서 어느 지역보다 환경문제에 대한 관심이 많은 곳입니다. 뿐만 아니라 2015년 상도4동이 도시재생지역으로 선정되었고 주민이 함께 모여 있을 수 있는 곳이 없다보니 커뮤니티 공간으로 상도 어울마당이라는 공간이 만들어졌습니다.

1층엔 카페, 2층엔 노후된 주택가에 아이들이 뛰어 놀 공간이 없다보니 아이들이 맘껏 뛰놀 수 있는 실내 놀이터가 생겼고 마침 마을발전소 활동가 선생님들이 '포동포동 놀이터'에서 활동할 수 있는 기회가 되어 아이들과의 접점이 많아지게 됐습니다.

처음 이 공간이 생길 때 정말 비싸고 좋은 장난감이 많았지만 많은 아이들이 함께 놀다보니 며칠 지나지 않아 하나 둘씩 고장 나기 시작해서 마을발전소 사회적협동조합 이사장이 자원봉사로 장난감을 치료하기 시작했습니다.

그런데 놀이터의 장난감뿐만 아니라 집에서 아이들이 장난감을 가지고 놀다가 고장이 나면 고칠 곳이 없어 버리게 된다는 이야기를 듣게 됐습니다. 우리는 장난감이 대부분 플라스틱 재질로 만들어져서 재활용이 가능할 것이라고 알고 있었는데 다양한 색깔로 이루어져 있어 잘게 분해하지 않으면 재활용이 되지 않아 종량제 봉투에 버려야 되는 재활용할 수 없는 쓰레기라는 것을 알게 되어 그 커다란 장난감이 그대로 쓰레기로 버려지는 것보다는 고치고 소독을 하거나 아예 다른 장난감으로 만들면 어떨까 하는 고민 속에 마을발전소 장난감병원 '장난이 아니야'를 개원합니다.

작동하지 않았던 뽀로로 장난감이 입원하게 되었다가 갖은 치료 끝에 퇴원을 하게 되었는데 노래도 부르고 춤도 추게 되어 아이가 너무 기뻐하는 모습을 보면서 단순히 고장난 장난감을 고치는 것이 아니라 장난감을 고치는 사람이나 장난감의 친구인 아이들의 마음을 치유하는 기회가 될 수 있겠다는 생각을 하게 됐습니다.

더불어 상도4동에는 어르신들이 많이 계신 곳으로 재작년부터 발생한 코로나19로 인하여 어르신들의 바깥출입이 어려워졌고 노인정이나 복지관에 가기가 어려운 상황이었습니다. 이러한 문제도 마을발전소가 고민하는 지역문제 중의 하나였기에 장난감을 재활용하여 플라스틱 쓰레기 저감으로 환경문제 해결과 더불어 어르신들의 경제능력과 자존감을 회복시켜 드리고 아이들과 어르신이 만나는 교류의 장, 경력보유 여성, 장애인 등이 함께 만들어가는 장난감병원으로 채워지고 있습니다.

장난감병원 의사인 어르신들뿐만 아니라 아이들의 호응도 대단히 높을 것 같은데요. 주민들의 반응은 어떤가요?

장난감병원 의사로 활동하고 싶다는 분이 줄을 서서 대기하고 있다는 표현을 쓸 정도로 인기가 많습니다. 처음 개원했을 때는 60세 이상 어르신을 우선 선발했더니 빨리 환갑이 되고 싶다는 분이 계실 정도였고 이후 아이 장난감을 치료하러 장난감병원에 왔다가 장난감병원 의사가 되고 싶다는 아이 엄마(경력 보유 여성)도 생기고 장애인도 함께 하게 됐습니다.

　　장난감병원 의사가 되기 위해서는 무조건 장난감만 수리하는 것이 아니라 장난감의 친구인 아이들과 편안하게 이야기를 나눌 수 있는 다양한 대화 방법, 나이가 들어 일을 하면서 알아야 하는 노인인권을 비롯한 생활 속 인권교육 등 정말 다양한 교육을 이수합니다. 장난감병원 의사들은 자신의 체력이 가능한 범주에서 오전, 오후로 나누어서 근무를 하고 정년이 없다는 것이 가장 큰 장점입니다. 그래서 모두들 스스로 건강관리도 하고 서로 건강하게 오래오래 같이 일하자면서 응원해 줍니다.

　　2020년 12월에는 크리스마스를 맞아 '장난감을 타고 온 산타클로스! 장난감 쓰루'를 진행해 산타가 100여 명의 유아동 가족에게 장난감 선물을 나누었습니다. 기뻐하는 아이들과 가족들의 모습에 저절로 미소가 지어지는 날이었습니다. 코로나19가 더 극심해진 2021년 12월에도 '장난감을 타고 온 산타클로스! 장난감 쓰루'가 열립니다.

마을발전소는 장난감병원뿐만 아니라 도시농업, 할머니밥상 등 마을 먹거리 활동, 동작마을학교 등 다양한 활동을 해 온 것으로 알고 있는데요. 사업을 계획하고 집행하실 때 주민들의 의견청취 및 참여는 어떤 과정으로 실현해 나가는지 궁금합니다.

거창한 회의가 아니라 누구나 차 한 잔 하면서 내가 사는 이야기, 동네에서 필요한 것들을 자연스럽게 꺼내 놓습니다. 아이부터 어른까지 모두의 이야기는 평등합니다. 반대는 없습니다. 활동은 하고 싶은 사람들 한 둘만 모여도 진행합니다. 그렇게 시작된 다양한 활동은 2015년 만들진 이후 모두 유지되고 있습니다.

마을발전소는 사회적협동조합으로 운영되고 있습니다. 협동조합을 생각하게 된 배경이 궁금합니다. 또한 협동조합 운영이 만만찮은 일일 것 같은데요. 어려움은 없으신가요?

공동체를 이어나가는 것이 순탄하기만 하였을까요. 동네 사람들과 함께 모일 수 있는 공간이 필요했을 뿐이었는데 젠트리피케이션도 여러 번 겪었습니다. 처음에는 동네 도로변에 위치해 있지만 오래된 건물이다 보니 저렴한 비용으로 공간을 사용하였는데 더 많은 수익을 원하는 건물주로 바뀌면서 다른 공간을 찾아 이전하게 되었습니다. 그때만 해도 이사를 단순히 공간 이동으로만 생각해서 이사하는 것으로 끝이겠거니 생각했는데 그게 아니었습니다. 단 10분 거리로 떨어진 곳으로 이전함에도 불구하고 공간이 바뀌니 활동하는 사람이 바뀌고 삶이 바뀌게 됐습니다. 이후부터 공간에 대해 더 많은 관심을 가지게 되었습니다.

실제로 사회적협동조합을 구성해야겠다는 결심을 하게 된 계기는 재밌게 활동을 해오던 분께서 갑자기 안 나오시기 시작했습니다. 단순히 바빠서 그렇다고 이야기를 들었었는데, 나중에 알고 보니 함께 활동을 하기 위해서는 밥이나 차라도 해야 하는데 항상 도시락을 싸 가지고 다닐 수는 없었고 어느 날 식당에 가야 했는데 밥값을 내는 것이 부담스러웠고 당신만 도시락을 싸 들고 다니는 것이 민망한 일이었다는 고백을 듣게 됐습니다.

공동체 활동을 하고 싶어도 개인의 경제적 사정 때문에 어려우신 분들도 있을 수 있겠다는 생각을 비로소 하게 되었고 일자리나 일거리를 보다 구체화시키는 운영구조를 만들고자 결심했습니다. 어떤 법인 성격의 옷을 입을 것인지 고민하게 되었고 우리가 그동안 공동체를 기반으로 하고 있었던 것들을 사회적경제로 지속가능하게 풀어갈 수 있을 것 같아서 사회적협동조합을 선택하게 되었습니다.

마을운동은 주민들의 관심과 참여가 절대적인 성공 열쇠일 수 있다고 생각하는데요. 마을발전소 활동을 하시면서, 주민(마을)자치가 지역에서 굳게 뿌리 내리기 위해 필요한 것이 무엇인가 느끼신 바가 있다면 말씀 부탁드립니다.

마을에서 다양한 주민들을 만날 수 있었던 것에 대해 너무나 감사하게 생각합니다.

어르신들에게 반갑게 인사하는 아이들을 통해서 어르신들은 힘을 얻으시고 또 이 아이들은 어르신들의 경험을 이어받아 어르신들의 사랑을 받으며 그 지혜를 통해 어른으로 성장합니다. 그것이 이루어지도록 하는 것 서로가 조화롭게 어울려 주고받는 선물세트 같은 존재가 되기를 꿈꾸고 있습니다. 그 동네에 살아서 주민이 아니라 주인으로 살아야 주민 주도 마을을 만들어 갈 수 있다고 생각합니다.

마지막으로 김영림 활동가님께서 하고 싶으신 말씀이 있다면 부탁드립니다.

공동체란 내 이웃의 아픔이 내 아픔으로 느껴지는 것입니다. 나의 필요가 우리의 필요가 되고 우리의 필요를 채우기 위해 이웃들과 함께 한 걸음을 떼는 것이라 생각합니다. 그렇기 때문에 다양한 마을활동을 10년 이상 지속할 수 있었습니다.

되돌아보면 마을발전소의 원동력은 첫째 꾸준함입니다. 둘째는 자발적인 주민들의 활동 그리고 셋째는 지속가능함을 위해 삶터가 일터가 되는 마을을 만드는 것입니다.

도토리나무는 들판을 보고 열매를 맺는다고 합니다. 들판에 풍년이 찾아오면 열매를 적게 맺고 흉년이 들면 다른 해보다 열매를 많이 맺어 마을 사람들의 굶주린 배를 채워주는 겁니다. 항상 마을 가까이에서 마을을 둘러보며 마을이 평안한지 마을에 필요한 것들은 무엇인지를 공동체를 통해 열매를 가득 맺고 사회적경제 방식으로 지속하기 위해 노력해 왔습니다.

마을발전소는 앞으로도 상도동의 홍반장으로 동에 번쩍, 서에 번쩍 주민들과 부대끼며, 오래 살고 싶은 마을, 떠나고 싶지 않은 마을을 만들어 갈 것입니다.

마을, 함께 해요!

마을공동체 활동과 마을 자치회는
폿대와 같다

이정미 인천시 서구 가좌동
'희망을만드는마을사람들' 공동대표를 만나다

안녕하세요 저는 '희망을만드는마을사람들' 공동대표로 활동하고 있는 이정미입니다.

'희망을만드는마을사람들'(이하 '마을사람들')은 마을공동체 회복 운동을 통해 교육, 복지, 생태공동체가 마을 곳곳에서 피어나기 위해 활동하는 풀뿌리 마을운동 단체입니다. 저희 '마을사람들'은 주민이 스스로 마을문제 해결을 위해 목소리를 내고 행동하는 주민이 될 수 있도록 모임을 지원하고 활동을 도우며 주민의 성장을 통해 마을에서 함께 성장하고 있습니다.

주민자치회가 시작되었던 2000년대 초반 '마을사람들'의 모旬단체라고 할 수 있는 '인천참여자치연대'는 주민자치위원회 역량강화를 위한 교육과 지원활동을 하였고 주민자치위원회의 활동은 건강한 민주시민으로 성장하는 과정이라고 믿었습니다. 지금의 주민자치회 역시 마찬가지입니다.

주민자치회는 마을의 의회와도 같습니다. 살기 좋은 마을을 만들기 위해 주민의 의견을 모아 마을의제를 선정하고 주민의 투표로 마을 사업을 결정하는 참여와 실천이 있는 활동입니다. 하지만 주민자치위원회도 마을에서는 권위적인 단체로 퇴색되었고 주민자치회 역시 쉽게 안착하기 위해 기존 위원회 위원을 세습하는 등 무늬만 주민자치가 되어가고 있습니다.

제가 하는 일은 마을에서 진정한 마을자치, 주민자치가 마을에서 이루어질 수 있도록 주민자치의 의미와 역할 그리고 주민자치회 위원과 주민과의 소통과 협력 등을 촉진하는 주민자치 푯대를 세우는 일을 하고 있습니다.

이정미 대표님은 인천시 서구에 있는 '희망을만드는마을사람들'에서 활동하고 계신데요. 마을활동에 적극적으로 나서시게 되신 계기가 궁금합니다.

제가 개인의 삶에서 마을을 바라보는 삶으로 전환하게 된 계기는 저희 마을이 2009년 재정비촉진지구로 지정됐을 때부터입니다. 어르신들이 많이 사는 단독주택 골목이 저의 집이었고, 아파트마다 비상회의가 소집되자 골목 어르신들이 저희 집을 찾아오셨어요. "애기 엄마 동네가 시끄러운데 뭔 소리인지 모르겠어. 젊은 엄마가 좀 알아봐 봐." 그렇게 우리 골목 할머니들에게 등 떠밀려 정비법을 알게 되었고 재정비촉진지구에서는 수용방식에서 세입자에 대한 대책이 없었고 집만 있는 어르신들은 다시 정착하기 힘들다는 것을 알았지요. 그 뒤 주민의 목소리를 대변하는 활동을 시작하게 되었고 2010년부터 '가좌동청소년배움터'인 돌봄공동체 만드는 일을 담당하게 되고, 지금은 주민자치, 주민참여, 도시재생 등 원도심에서 살기 좋은 마을을 만들어가는 관련된 일을 하고 있습니다.

제가 주로 활동하는 곳이 인천 서구 가좌3동은 아니지만 가좌3동은 일상적 운동을 주민과 함께 하고 있는 지역입니다. 2008년 '마을사람들'이 가좌3동으로 자리를 옮기며 지역조사를 통해 교육복지 운동을 제일 먼저 시작했고 2008년 마을네트워크를 만들어가는 '가좌동초록장터'를 운영하게 되었으며 2010년에는 '가좌마을청소년배움터'를 가좌권역 지역아동센터 6곳과 함께 운영하였고 2012년 서구 참여예산위원회가 생기면서 마을 환경개선과 주민이 스스로 관리하는 활동을 주민과 함께 진행하며 주민이 스스로 실천하고 의견을 모아가는 과정을 마을에서 만들었습니다.

2018년에는 인천시 사업인 <더불어마을 희망지사업>을 주민공동체와 함께 신청하며 주민이 마을의 주인이 되어 불편하지만 함께 개선하는 마을활동을 하고 있습니다. 이제는 주민이 움직여야 마을이 바뀐다는 가치관으로 움직이는 주민공동체가 있다는 것이 가좌3동의 큰 자랑이자 보물입니다. 마을에서 성장한 청소년이 청년이 되어 자원봉사를 하고 마을 골목 상인들이 작지만 상인회를 구성하고 꾸려가며 주민 공동이용시설을 마을에서 어떻게 사용하고 활용하면 좋을까 고민하는 가좌3동입니다.

하신 걸로 알고 있습니다. 이 단체에 대한 소개를 부탁드립니다.(현황과 특별히 자랑스럽게 생각하시고 있는 부분)

저희 희망을만드는마을사람들은 '인천참여자치연대'와 '인천희망21'이 다시 마을운동으로 집중해야 하다는 가치를 담고 2007년 통합한 단체입니다. 처음에 단체가 통합 설립하면서 2007년에서 2008년 가좌동으로 오기 전에 했던 주요 활동은 무기장난감 반대운동이었고, 청소년 인권운동, 부평 공원만들기 등이 있습니다. 2008년 가좌동으로 이사를 오면서 마을 중심의 활동을 13년 동안 지속해 오고 있습니다.

회원들은 주로 어떤 분들인가요? 회원이 주민들이고, 많은 걸 보면 회원 활동이 활발할 것 같은데요. 그리고 발기인(단체 사무실 벽에 있는 이름들) 명단을 보니 인천지역에서 내로라하는 분들이 많네요. 이런 많은 분들이 한 동을 기반으로 한 마을자치 조직의 창립에 참여하시게 된 동기라도 있을까요?

저희 '마을사람들' 회원은 참 다양하세요. 마을활동을 통해 만났던 주민부터 시민운동 초기부터 후원을 해주시는 인천 민주화운동의 선배 분들 그래서 직업군도 아주 다양합니다. '가좌마을 신나는 공간'은 주민과 한 걸음 더 가까워지려고 1층으로 이사하며 만들어진 공간입니다. 페인트칠은 동네 페인트업 사장님, 목재는 인근 목재공장 사장님, 시계는 골목 입구 순대국밥 여사님께서 기부를 해주셨어요. 그렇게 십시일반 마을에서 정성을 모아주시고 GM한마음재단에서 공사

비를 지원받아 마을 사랑방을 만들게 되었습니다. 그래서 저희 '가좌마을신나는공간'은 늘 마을 일을 했던 흔적들로 조금은 어수선해요.

가끔은 문학을 나누는 공간, 가끔은 마을 작업장, 가끔은 수다를 떠는 편한 휴게실이 되기도 합니다. 마을에서 이렇게 관계로 행복한 세상을 만드는 '마을사람들' 활동에 매력을 느껴서 저 역시 이렇게 십여 년 활동을 하고 있고 지금 저와 함께 하고 있는 위고은 팀장 역시 가좌동 청년에서 지금은 마을활동을 하는 5년차 활동가가 되었답니다.

마을자치는 한 마을의 성공만으로는 한계가 있을 것 같은데요. 지역 내의 다른 단체, 다른 마을과 연대 등은 어떻게 하고 있으신가요?

저희 '마을사람들'은 '가좌동초록장터'를 통해 마을 네트워크를 구성하고 함께 연대하며 마을 문제를 풀어가고 있습니다. 가좌동초록장터에는 행정복지센터와 자생단체의 참여는 물론 인근 도서관, 지역아동센터, 학교, 학부모모임 등 20여 단체와 모임이 년 2회 봄가을 활동하는 재활용 나눔장터이자 10% 기부운동을 하는 활동이기도 합니다.

'희망을만드는마을사람들'이 하는 활동은 지금의 여느 주민자치회와는 조금 다른 자생적 주민자치(마을만들기)라고 볼 수도 있을 것 같은데요. 주민자치회와는 어떤 관계 속에서 활동하고 있는지요?

'마을사람들'은 제도 개선을 통해 주민자치회가 마을에서 잘 운영되고 주민이 참여하고 주민이 움직이는 주민자치회가 되기 위해 여러 구에서 활동을 하고 있습니다.

서구에서 주민자치회의 운영을 위해 구 부서 신설을 제안하고 시범동 운영을 지원하는 TF팀에 참여하며 서구에도 공동체협치과가 새롭게 구성되었고 미추홀구에서는 마을공동체 활동을 지원하는 활동은 물론 동 주민자치회 컨설팅을 일 년 동안 진행하며 주민자치회의 역량강화를 함께 하기도 했습니다.

특히 가좌3동에서는 2020년까지는 주민공동체가 스스로 마을 자치활동을 할 수 있도록 지원하고 함께 동행했다면 2021년에는 주민자치회 위원으로 참여하며 주민자치회 활동을 마을에 알리고 함께 성장하는 과정에 동참하고 있습니다.

지역의 관청들, 즉 가좌3동 주민센터, 서구청, 인천시청 등과는 어떤 협력관계를 맺고 계신가요?(예: 축제지원사업, 예산지원, 지자체의 지역사업에 대한 참여 등)

동 행정복지센터와는 마을활동을 수시로 의논하며 함께 활동하고 있으며 서부경찰서와는 마을의 범죄예방을 위해 작은 활동이라도 언제든지 의논하고 협업하고 있습니다. 서구청에는 주민자치회 전문가 팀으로 참여하며 의견을 제시하고 있습니다. 특별히 예산지원을 받으며 활동하는 것은 없고 주민이 원하시는 공모사업이 있다면 활동을 지원하고 있습니다. 가좌3동 주민공동체는 마을공동체지원사업, 상인회지원사업, 소규모주택지원사업 등 작지만 주민이 주체가 되어 의견을 모으고 활동하는 공모사업을 참여하고 진행했습니다. 이런 과정들이 주민을 성장하게 하고 주민이 제안하고 실행하고 책임도 갖는 마을이 된다고 생각합니다. 마을은 느리지만 오늘도 성장하고 있습니다. 이 느린 걸음을 지켜봐주며 함께 동행해 주는 든든한 벗이 되는 일이 저희의 역할이라고 생각합니다.

자생적 주민자치(마을만들기)가 발전해 나가기 위해 시급히 해결되어야 할 일은 무엇이라고 생각하시나요? 그리고 주민자치(마을만들기)의 활성화가 직접민주주의(풀뿌리민주주의)의 대중화에 기여할 수 있는 점은 무엇이라고 생각하시는지 듣고 싶습니다.

앞에 제 마음을 적기도 했지만 저는 느린 걸음의 마을 변화를 인정하는 사회가 되어야 한다고 생각합니다. 1년의 성과를 평가하는 행정의 평가표를 주민자치회에 적용하며 준비 없이 전동 전환되었고 기존의 주민자치위원회 위원이 60%, 많은 구는 80%가 넘습니다. 보고와 승인에 익숙한 회의 방식에서 참여, 소통, 조율, 실행 등 많은 활동을 주민이 기획하고 실행하는 주민자치회 활동은 귀찮고 불필요한 과정이라고 느껴지기 마련입니다.

주민자치회를 왜 하는지 모르겠다는 목소리가 여기저기 들려옵니다. 저는 그 원인은 행정의 안일함과 편의성에 있다고 생각합니다. 아직도 시범조례인데 언제까지 시범만 하려고 하는지 의문입니다.

주민자치회가 동 참여예산 사업을 운영하는 것인지 참여예산활동이 주민자치회로 흡수되어 운영되는 것인지 모호해진 상황이지만 마을은 1년살이가 아닙니다. 마을총회에 올려지는 의제가 매년 1년 사업의 우선순위를 결정하는 총회라면 무슨 의미가 있는지 묻고 싶습니다. 주민자치회는 마을의 계획을 주민과 함께 세우며 그 계획을 실천하는 활동은 벽돌을 쌓듯 주민과 힘을 모아 하나하나 실천해가는 것입니다.

무늬만 주민자치 그만하고 진짜 주민자치 할 수 있는 신뢰와 기다림이 빨리 만들어지는 마을이 되었으면 합니다.

마지막으로 이정미 대표님이 하시고 싶은 말씀있으면 해 주십시오.

지금처럼 흔들리는 주민자치 속에 신념을 담고 행동하시는 여러분은 주민자치의 촛불이자 푯대입니다. 우리는 주민자치를 제도라고 보지 않습니다. 주민자치는 마을 민주주의의 꽃이자 마을 가치 실현입니다. 1년살이 사업이 아니고 1년살이 활동이 아닙니다. 우리가 하는 모든 활동은 마을 디딤돌이 되리라 믿습니다. 파이팅입니다.

마을주민이라는 자부심 생기는 교육 필요해

심소영 동대문구 마을미디어 발행인을 만나다

먼저 자기소개를 부탁드리며 주민자치(마을만들기)와 관련해 하시는 일은 무엇입니까.(인터뷰 당시와 변화가 있다면 인터뷰 당시 역할과 지금 하시는 일도 함께 말씀해 주시기 바랍니다.)

마을미디어 활동으로 '인터뷰, 마을이음'이라는 마을잡지와 '인터뷰, 마을인'이라는 동네사람 영상을 제작하고 있습니다. 또한 지역 시민단체와 연대하여 지역의제를 논의하기 위한 공론장과 주민교육 등을 기획운영하고 있습니다.

심소영 발행인께서는 마을미디어 발행인뿐만 아니라 동대문구 협치위원, 시민나루 대표, 민민협력 기반조성 사업 책임일꾼으로도 활동하고 계십니다. 동대문구에서 다양한 주민자치활동을 하고 계신데요. 마을자치활동을 하게 되신 계기가 궁금합니다.

대의민주주의로 움직이는 나라에서 민의를 대표한다는 분들은 거의 모두 법조계 계셨던 분들과 일부 기업인들만 있어서 시민들이 진짜 필요로 하는 정책을 만들려면 시민들이 참여할 수 있는 생활정치 시스템이 마련되어야 할 것 같았습니다. 그래서 마을활동을 시작하게 되었고, 지역사회 조사활동을 겸한 마을미디어 활동을 하게 되었습니다.

심소영 발행인께서는 동대문구에서 마을활동을 하고 계신데요. 동대문구의 마을운동, 주민자치운동의 현황에 대한 소개를 부탁합니다.

마을운동, 자치운동 모두 1980년대 말 1990년대 초 풀뿌리 시민단체들이 지역에서 만들어지면서 성장한 배경은 비슷합니다. 동대문구에서도 다양한 시민단체에서 시민학교가 만들어지고 지역 언론이 만들어지면서 지역사회 자치활동이 시작되었습니다.

본격적인 활동은 2011년 박원순 서울시장이 당선되면서 2012년 이후 마을공동체 사업 그리고 찾아가는 동주민센터, 주민자치회 활동 등이 본격적으로 진행되면서 활성화되었습니다. 동대문구도 이에 다양한 마을법인도 나타났고, 2021년부터는 주민자치회도 전 동에서 실시하게 되었으나, 올해 서울시장이 바뀌면서 주민자치활동이 제대로 자리잡기 전 올스톱을 예고하고 있어, 모두 어떻게 마을활동 그리고 주민자치가 지속될 수 있을지 고민하며 활동하는 중입니다.

마을신문을 발행하고 계신 것으로 알고 있습니다. 마을신문을 만드시게 된 이유가 있을까요? 그리고 마을신문에 주로 담는 내용은 무엇인지요?

처음에는 마을에서 활동하는 사람들이 소통하기 위한 매체를 고민했습니다. 근데 지역활동도 다양한 사람들이 계속 모이고 움직이고 달라지는 것이 아니라 처음에 모였던 분들이 계속 관련 활동을 해오는 것으로 보였습니다. 하여 좀 더 세밀한 지역조사가 필요하다는 판단과 지역주민들이 하고 싶은 이야기를 모아본다면 이를 통해 시민사회에 다양한 시민들이 활동할 수 있는 디딤돌을 만들 수 있을 것 같았습니다. 그래서 마을잡지를 만들게 되었습니다.

마을잡지 주요내용은 우리 동네 소소한 역사/동네에서 놀고, 배우고, 즐길 곳/지역이슈/우리 동네 돈키호테 등의 코너를 통해 동네 사람들이 기억하는 역사와 자주 찾는 장소, 무모해 보이지만 꾸준하게 지역활동을 하는 사람들을 취재하여 기록하고 있습니다.

아무래도 마을을 담는 신문이다 보니 구체적인 사람과 삶에 대해 많이 담으실 것 같습니다. 신문을 만드시면서 기억에 남는 마을 사람이나 사업이 있으시다면 소개 부탁드립니다.

한 분 한 분 모두 기억에 남지만, 노인정에서 총무로 일하시던 70대 어르신이 기억납니다. 너무 억척스럽게 살아서 사람들이 독하다고 손가락질도 한다며 아무 것도 아닌 본인 이야기를 들어주어 고맙다고 눈물 흘리시더라고요. 70세가 넘었어도 일찍 돌아가신 남편 몫까지 일하며 아이들 키우고 생활여건을 만들어 살아가는 어르신의 인생은 험난했지만 자랑스러운 인생이었을 텐데, 우리 세대는 잘 몰랐던 이야기였습니다.

또 30개가 넘는 국가기술자격증을 보유하신 동네분도 생각납니다. 사다리차 기사님인데, 살림을 걱정하지 않아도 될 만큼 사시면서도 주말에는 강남 웨딩홀에서 주차 알바하시고 차곡차곡 돈을 모아 학업에 매진하기 어려운 학생들을 위해 기술교육학교를 다닐 수 있도록 지원하고 싶다 하신 분도 있었습니다. 모두가 자기가 할 수 있는 만큼 최선을 다 한 인생이야기에서 많은 것을 배울 수 있었습니다.

동대문구 협치위원이라면 어떤 일을 하는 직책인지 궁금합니다. 먼저 협치란 무엇인가요?

협치는 말 그대로 협동하여 움직일 수 있는 구 단위 정책시스템을 만드는 것입니다. 그래서 서울시에서 구 단위로 협치사업을 운영하는 사업명도 지역사회혁신계획이었습니다. 기존 정책시스템은 행정이 만드는 정책에 구의회가 승인하여 행정이 구현하면 주민에게 실현되는 시스템이었다면, 주민이 필요한 정책을 제안하고 행정이 협력하여 정책으로 만들어 실행까지 민과 관이 함께해 보는 시스템을 말합니다.

협치위원을 제대로 한다면 지역의제를 발굴하고 정책화하여 구정에 반영하는 시스템을 만들고 지원하는 역할입니다.

주민자치회가 대중화되면서 주민자치에 대해서는 어느 정도 익숙해진 것 같습니다. 그런데 아직 협치라는 용어는 좀 생소한데요. 자치와 협치의 관계가 궁금합니다.

상향Bottom up 방식으로 생각하시면 좋을 것 같습니다. 각 동의 주민자치회가 지역에 필요한 의제를 논의하여 실행하는 과정에서 여러 동과 연계되어야 할 사업이라든지 전체가 참여해야 할 지역의제 등은 협치가 받아서 전 구민을 대상으로 숙의하는 과정을 통해 필요 여부를 논의하고 결정하는 단계로 생각합니다.

심소영 발행인은 3.1서울민회 부의장을 역임하셨습니다. 아무래도 마을을 넘어 연대에 대한 고민도 많으실 것 같습니다. 주민자치(마을만들기)가 성공하기 위해 마을 간의 연대가 필요하다고 보시는지요? 그렇다면 어떤 역할을 해야 할까요?

1년여 활동이었지만 많이 부족함을 느꼈습니다. 마을 간의 연대가 꼭 필요하나 자기가 속한 마을도 제대로 모르면서 연대활동은 어불성설이겠지요. 제가 그랬습니다. 민회 활동하면서 욕심이 앞선 활동이라는 자각이 있었습니다.

모든 활동이 마찬가지겠지만 마을 간의 연대는 보기 좋은 명분만 가지고 할 수 없다고 생각합니다. 각자의 마을활동을 하면서 기후위기와 같은 전 지구적 활동이 필요한 의제에 대한 공동캠페인이나 따로 또 같이 할 수 있는 지역과 연관된 활동이 설계되어야 한다고 생각합니다. 해서 지금 마을연대 활동으로 기획할 수 있는 것이라면 이런 기록 활동(연대활동 아카이빙)과 더불어 현재를 인식할 수 있는 표지판같은 역할이 필요하다 생각합니다. 환경, 젠더, 세대, 보수화 등의 다양한 이슈에 대해 현재를 가늠할 수 있는 연구, 논의, 방향성에 대한 숙의가 필요한데 현재는 각 단체 성향에 따라 현재를 이해하려는 노력보다는 우리가 맞다는 고집(다 해봐서 안다는)만 있어 보이거든요.

자생적 주민자치(마을만들기)가 발전해 나가기 위해 시급히 해결되어야 할 일은 무엇이라고 생각하시나요? 그리고 주민자치(마을만들기)의 활성화가 직접민주주의(풀뿌리민주주의)의 대중화에 기여할 수 있는 점은 무엇이라고 생각하시는지 듣고 싶습니다.

공동체 문화 복원 아닐까요? 자본주의 사회에서 공동체 복원은 어렵습니다. 그래서 나눔을 이야기하면 사회주의 얘기도 들리고 공산주의 얘기도 들리고요. 점점 각박해집니다. 한편으로 생각해 보면 이대남으로 통칭되는 사람들의 급격한 보수화는 어디서 나왔을까요? 갑자기 나타난 외계인도 아니고 모두 우리 문화에서 성장한 사람들입니다. 그들만의 공정과 상식이라고 치부하는 사람들도 있지만, 그러한 경쟁시스템으로 몰아넣은 건 지금 기성세대(진보세력을 포함한) 사람들입니다.

공정을 외치면서도 집 사고 땅 사고 좋은 학교에 가고 좋은 자리에 서려 합니다. 그런 삶만 좋은 삶이 아니라 동네에서 일하는 청년도, 경력단절 여성도, 은퇴한 어르신도, 아니 그 누구라도 동네에서 일하고 소통하고 관계 맺으며 사는 것도 괜찮다는 작은 성공의 경험을 많이 만들 수 있다면 조금이나마 주민자치 문화를 만드는 데 기여할 수 있지 않을까 생각합니다.

마지막으로 심소영 발행인께서 하고 싶으신 말씀이 있으시다면 부탁드립니다.

시민사회 단체 활동이건 주민자치활동이건 함께 걸으며 작은 성공을 경험한다면 함께 갈 사람들이 많아질 것이라 생각합니다. 그동안의 시민사회 활동이 누군가의 정치적 발판으로 사용되는 것만이 성공의 경험이라고 생각하지 않았으면 합니다.

현실정치에 뛰어드는 것도 경험이겠지만, 스스로 동네 의제를 제안하고 공론장에 성실하게 참여하여 성공적으로 구정책이나 시 정책에 반영되어 실현되는 참여시스템을 통해 성공의 경험을 나눌 수 있다고 생각합니다. 그런 시민참여시스템이 많아지고 깊어지며 함께 했으면 좋겠습니다.

느리지만 흔적을 남기는 달팽이처럼

이경진 중랑구 달팽이마을 대표를 만나다

먼저 자기소개를 부탁드리며 주민(마을)자치와 관련해 하시는 일은 무엇입니까.(인터뷰 당시와 변화가 있다면 인터뷰 당시 역할과 지금 하시는 일도 함께 말씀해 주시기 바랍니다.)

저는 2012년 서울시가 서울시마을공동체종합지원센터를 만들고 마을공동체 마을상담원과 마을강사를 모집하는 광고를 보고 마을상담원과 마을강사가 된 이경진이라고 합니다. 결혼 전 기독청년운동을 했던 저는 지역운동에 대한 고민이 많았었고 마을 그리고 공동체라는 단어에 이끌려 홀린 듯이 마을활동을 시작하게 되었습니다. 지금은 달팽이마을학교와 달팽이마을이 만든 오래오래협동조합이라는 사회적경제에서 열심히 활동하고 있습니다.

달팽이라는 이름에서 대표님의 마을관과 교육관을 알 수 있을 듯합니다. 대표님께서 마을활동 특히 마을교육활동을 적극적으로 하시게 된 계기에 대해 듣고 싶습니다.

저는 결혼 후 가족의 생계를 책임지기 위해 학원을 운영했습니다. 지금의 지역아동센터의 전신인 공부방을 만들고 운영했던 경험도 있었고 해서 보습학원을 운영하면서 아이들의 성적이 오르는 것이 아이들의 삶을 바꾸는 일이라 생각하고 독하게 아이들을 가르쳤습니다.

각종 경시대회를 저희 학원 아이들이 휩쓸고 학교에서 전교 상위권 등수 아이들은 우리 학원을 다닌다고 소문이 날 정도로 열심히 아이들을 가르쳤습니다. 다 나열하기 어려운 여러 사연이 될 이야기들을 많이 겪고 나서야, 아이들은 놀아야 할 나이에 놀아야 하고, 강제로 넣어준 가르침으로는 아이 스스로 자신을 변화시킬 수 있는 능력을 만들지 못하게 된다는 것을 깨달았습니다.

그리고 저희 딸이 "우리 엄마 공부장사해요."라는 이야기에 교육과 공부장사에 대해 깊은 고민을 하게 되었고 학원을 접고 내가 정말 하고 싶은 것인지 생각하다 내가 사랑하는 꽃을 매일 볼 수 있는 꽃집을 운영하게 되었습니다. 이 시기에 사교육의 중심에 있었던 제가 진짜 교육이 무언지? 왜 교육을 해야 하는 것인지? 교육은 어때야 하는 것인지에 대해 묻고 또 물었던 것 같습니다,

달팽이마을, 달팽이마을공동체, 달팽이마을학교 등의 명칭이 있던데, 각각 어떤 것이고, 서로 간의 관계는 어떠한 지 설명을 해 주시겠습니까? 그리고 달팽이라는 이름을 갖게 된 까닭은 무엇일까요? '느리지만 흔적을 남기는'이라는 달팽이의 특징을 통해 하신 듯한데 이에 대해 좀 더 자세히 말씀해 주시겠습니까?

제가 마을공동체 활동을 시작한 이유는 정말 내가 필요해서 하는 활동이었습니다. 꽃가게를 하면서도 도소매 시장이 분리되지 않은 구조를 보게 되었고 자본을 가진 사람만이 살아남는 경제 생태계의 치밀함에 분노하게 되었습니다. 무료 창업교육이 넘쳐나던 시기 창업교육을 받은 소자본을 가진 사람들은 꿈을 안고 창업을 하지만 이런 사람들이 창업을 하

고 망하기를 반복해야 돈을 버는 사람들이 있고 붐처럼 카페가 창업되고 붐처럼 여러 가게들이 생겼다 사라지면서 마치 그 사람들이 열심히 하지 못하고 부지런하지 못해서 망한 것처럼 이야기하는 것이 사회구조의 문제 때문이라는 것을 알게 되었습니다.

이런 사회 구조 안에서 나는 무기가 없는 별 능력 없는 존재일 수밖에 없다는 생각이 들었습니다.

가난한데 공부장사란 교육이 아니고 거짓이다, 무언가 의미 있고 가치 있는 일을 하면서도 재미있게 살고 싶다는 욕망이 가득했을 때 마을 그리고 공동체라는 것을 만났고 이런 사회구조적인 생태계에 영향을 받지 않는 마을을 만들고 싶다는 생각이 들었습니다. 그러나 막연한 뿌연 그림 같은 공동체는 말처럼 쉽지 않을 것이라는 것을 짐작하였습니다.

일단, 사람들은 누구나 많은 능력을 가지고 있습니다. 그러나 자본이 지배하는 사회 구조 안에서 자기가 능력이 없고 무기 없는 자본시장의 노예계층이라는 것을 스스로 인정하는 것 자체가 쉽지 않고 그것을 인정하더라도 협력하여 어떤 방향으로 갈지를 논의하는 것도 각자 달라서 오랜 아주 오랜 시간이 필요하리라 생각했기 때문입니다.

달팽이마을도 아직 한걸음도 떼어 볼까 말까 망설이고 있는 상황 정도에 있다고 생각됩니다.

그런 측면에서 달팽이마을공동체는 달팽이마을을 이야기하는 것이고 달팽이마을과 달팽이마을학교 두 가지는 달팽이를 만드는 조직의 씨줄과 날줄 정도라고 생각하시면 좋을 것 같습니다.

달팽이마을학교가 있는 중랑구의 특성과 주민(마을)자치 현황에 대해서 말씀해 주시겠습니까?

중랑구는 인구 40만이 사는 곳으로 서울시 25개 구 중 거의 대부분 통계에서 좋은 것은 하위이고 나쁜 것은 상위를 기록하는, 서울의 할렘이라고 하면 이해가 쏙쏙되는 구라고 합니다. 대부분의 사람들은 교통의 편리성 때문에 중랑에 살고 있지만 마음은 강남에 있는 사람들이 많다고 합니다.

그러나 제가 말씀 드릴 수 있는 것은 정량적 평가도 아니고 행정적 평가도 아닌, 제가 경험한 따뜻한 사람들이 많고 서로 돕고 사랑하고 의지하며 서로 나눌 줄 아는 사람들이 많은 구입니다. 너무 마을활동가스러운 평가네요. 그러나 그게 저의 평가입니다.

달팽이마을은 자치단체와는 어떤 관계를 갖고 있나요? 또 주민자치회와도 어떻게 관계를 맺고 있는지 궁금하네요.

사실 아무런 관계가 없습니다. 동사무소에도 찾아가 지역을 위해 벽화봉사나 이런 것 있으면 열심히 하겠다고 하고 도시재생회의에도 몇 번을 찾아가서 이야기 나누었지만 우리가 생각하는 방향과 다른 계획을 가지고 계시고 굳이 그렇게 까지 할 필요성이 없다고 생각되어 앞으로도 협력할 일이 있으면 협력하겠지만 어떤 관계를 만들 노력을 할 생각은 없습니다.

현재 우리 사회에서 교육문제가 가장 심각한 문제 중 하나라고 누구나 생각하는 것 같습니다. 그만큼 많은 사람들이 우려하고, 그에 대한 처방도 각각인데요. 우리 교육의 가장 큰 문제, 당장 실천할 수 있는 것을 무엇으로 보시는지요.

교육문제는 밤을 새워도 할 이야기가 많은 것 같습니다. 저는 공교육을 바로 세우는 것이 우선이라고 생각합니다. 어떤 교육이든 교육은 절대 돈으로 살 수 있는 것이어서는 안 됩니다. 교육의 기회가 공평해야 모든 기회가 평등합니다. 교육이 사교육을 인정하면 돈으로 교육의 기회를 얼마든 살 수 있습니다. 학교와 함께하는 마을교육도 노동이 아닌 미래를 위한 투자가 되어야 합니다.

둘째는 당연히 평가시스템입니다. 지금의 입시제도와 평가시스템으로 미래의 인재를 만들 수 없다는 것이 여실히 드러났지만 손쉬운 이 제도를 유지하려는 세력과의 싸움은 늘 계속되고 있지만 별 진전이 없는듯하여 아쉽습니다.

달팽이마을학교의 학생들 중 가장 기억에 남는 경험이나 사람이 있다면 소개 부탁드립니다.

달팽이마을학교는 매주 감동적인 이야깃거리들이 등장합니다. 학교마다 교장선생님이 바뀌시면 교장선생님 성향에 따라 달팽이마을 수업을 안 하는 학교가 있습니다. 그럴 때마다 마을이 하드웨어를 가지고 있다면 하는 생각이 간절합니다.

마을학교를 그만 두게 되고 코로나를 맞은 1학년 여자아이의 이야기입니다. 1학년 여자아이의 별명은 '물미역'이었습니다. 물미역 친구는 머리가 긴 반곱슬 아이입니다. 1학년인데 학교에 오면 책상에 엎드려 떨어지지를 않습니다. 수업이 끝나야 일어나서 가방을 들고 나갑니다. 아무 것도 하고 싶은 것이 없다고 하고 아무 것도 재미없어 하는 아이.

고등학교 마을교사 친구는 이 친구에게 지쳤습니다. 맛있는 간식을 사 주고 머리핀도 선물하고 줄넘기를 하자고 해 보고. 그러나 "재미없어요. 하기 싫어요. 선생님 핸드폰 주세요."라는 말만 들어야 했습니다. 그렇게 몇 주 수업이 끝났고 교장선생님이 바뀌고 그 학교 수업을 못하게 되었는데 어느 날 고등학생 마을교사 친구에게 연락이 왔습니다.

"선생님, 저 홈플러스에서 물미역이랑 만났어요. 머리에 제가 사준 핀을 꽂고 있고 막 달려와서 저를 안아줬어요. 너무 기뻤는데 코로나로 학교 가는 날이 들쭉날쭉 하지만 학교 가는 날이었던 것 같아서 물어 봤더니 학교 가기 싫어서 안 갔다고 하더라구요. 마트에서 일하는 아주머니가 홈플공주 어떻게 아냐고 저 녀석 엄마아빠가 이혼하고 거의 홈플러스가 키우는 애가 됐다."고 했다는군요. 고등학생 마을교사가 울먹이며 "제가 학교까지 바래다주었는데 걱정된다."며 제게 연락을 했습니다. 그래서 제가 다음날 교감선생님을 만났는데 학교에서도 염려를 많이 하고 있지만 어쩔 수 있겠냐고 하더군요.

초등학교 1학년인데 꿈도 없고 모든 것이 하기 싫은 아이들은 셀 수도 없이 많습니다. 1학년 입학하면 영어는 기본 중국어 일본어도 배우고 피아노 태권도 학원으로 뺑뺑이 도는 아이들도 있지만 가난을 증명하지 않으면 돌봄 혜택도 못 받는 아이들도 있습니다. 물미역 이 친구 이야기는 오래도록 가슴속에 남을 것 같습니다.

중랑구 내의 다른 동이나 서울의 다른 구, 나아가서 다른 지역과 교류는 어떻게 하고 계시는지요?

중랑구 내에는 다른 동에 있는 학교들이 참여하고 있어서 동별로 마을학교 그룹이 있습니다. 다른 동네는 달팽이마을학교 사례 공유를 하면서 달팽이마을학교와 비슷한 활동을 하고 있는 분들이 많고 정보들을 공유하고 있습니다.

서울시장이 바뀌면서 지난 10년간의 주민자치(마을자치) 활동에 대한 제약이 많이 가해지고 있습니다. 달팽이마을도 이에 영향을 받고 있는지, 받는다면 어떻게 대처하고 있는지에 대해 말씀해 주십시오.

저희 설계 자체가 관과 무관하게 활동하고 있으므로 시장이 바뀌든 정권이 바뀌든 별다른 영향이 없기는 하지만 현정부가 대학입시 자기소개서에 지역에서 하는 봉사 활동을 쓸 수 없도록 하고 있고 마을에서 하는 봉사활동을 인정하지 않도록 하고 있어서 입시가 눈앞에 있는 고등학생들의 경우 참여가 눈에 띄게 줄고 있습니다.

　봉사활동 점수 때문에 시작했지만 마을에 관심을 가지고 민주시민으로 성장하는 계기를 마련하는 활동도, 사회복지사나 행정 일을 할 친구들, 교사 등을 희망하는 친구들의 입시에는 꼭 반영되어야 한다고 저는 생각합니다.

끝으로 이경진 대표님께서 하시고 싶은 말씀 부탁드립니다.

　달팽이마을이 8년을 활동했습니다. 물적 토대가 없는 마을이란 뜬 구름 같고 달팽이는 아직 뜬 구름입니다. 내년 9년차에는 심도 깊은 논의를 1년간 해보려고 합니다. 달팽이 또 다른 10년에 대한 구체적인 논의를 물적 토대를 마련하는 구체적 방안과 시스템을 만드는 일을 하려고 합니다. 느리지만 아직 한 걸음도 멈칫거리고 있지만 달팽이의 느린 걸음 많은 응원 부탁드립니다.

달팽이학교 학생이 보는 <달팽이학교>

성민채 송곡여자고등학교 2학년

달팽이학교가 보통 학교와 다른 점은 무엇인가요?

우리나라는 주입식 교육으로 수동적인 성향이 있습니다. 그러나 달팽이는 자신이 하고 싶은 프로그램이 있다면 지원해서 자기 주도적으로 과제를 진행해야 하고 친구들과 상의, 논의해서 직접 결정을 내려야 합니다. 이런 과정을 거치다 보면 책임감이 생기게 됩니다. 그런 면에서 일반 학교와 차이점을 가지게 된다고 생각합니다.

언제부터, 무엇 때문에 달팽이학교에 참가하게 되었나요?

고등학교 1학년 때 학교에서 있었던 달팽이마을 면접을 통해 들어가게 되었습니다. 들어온 이유는 역사 교사가 되고 싶어서 들어가게 되었는데 지금은 영어에 관심이 많아서 탄템 프로그램에 참여하게 되었습니다.

어른들에게 바라는 점이 있으면 말씀해 주실래요?

더 많고, 다양한 프로그램에 참여할 수 있게 해 주세요.

또래들에게 하고 싶은 말이 있다면 무엇일까요?

은근히 활동 시간이 많이 소비되지만 그만큼 값어치 있는 활동이라고 생각합니다.

그 외 하고 싶은 말을 자유롭게 해주세요.

초등학교 아이들만 가르치는 것이 아니라 다양한 사람들을 가르치고 내가 배울 수 있는 봉사집단이어서 좋았습니다.

마을에 관심 갖다 보니
어느새 주민자치 활동가

주수정 구로구 가리봉동 주민자치회 지원관을 만나다

먼저 자기소개를 부탁드리며 주민자치(마을만들기)와 관련해 하시는 일은 무엇입니까.(인터뷰 당시와 변화가 있다면 인터뷰 당시 역할과 지금 하시는 일도 함께 말씀해 주시기 바랍니다.)

저는 서울 구로구에 거주하고 있고 현재 가리봉동에서 주민자치회 운영을 지원하는 동 자치회 지원관으로 근무하고 있습니다.

주수정 지원관님은 구로민회 의장, 3.1서울민회 정치분과 위원으로도 활동하고 계십니다. 그 이전에는 시민단체에 소속되어 활동하신 이력은 없는 걸로 알고 있습니다. 어떻게 해서 주민자치활동을 시작하셨는지 궁금합니다.

제가 결혼하고 임신 후 구로구로 이사를 했습니다. 성격이 원래 노는 것을 좋아해요. 월요일부터 금요일까지 남의 집에 가서 놀고 놀이터에서 노는 평범한 주부였습니다. 늘 주민들과 재미있게 놀고 싶다는 생각을 했었죠. 구로1동에서 벼룩시장도 개최하고 프리마켓도 열고 돈 모아서 아이들 할로윈파티도 하고 커뮤니티도 운영했죠.

그 즈음 서울시가 마을공동체 사업을 본격적으로 시작하면서 마을학교를 운영하고 주민들과 함께 배우는 일을 했습니다. 그 과정에서 알게 된 분들이 있었죠. 그 분들이 하는 활동이 뭔지는 모르겠지만 내가 모르는 신세계가 열렸다, 요만큼에서 요만큼 열리듯이 내가 모르던 새로운 세계가 열린 거예요. 그 분들이 오라는 데는 아무 생각 없이 갔습니다. 토론회 한다면 궁금하니까 가보자 하는 마음이었죠.

구로1동에서 지역문제가 생겨 위원장을 하다 보니 여러 군데를 가게 되더라구요. 그런 중에 민회 한다고 하시는 겁니다. '내가 가야죠.' 하고 참석을 했는데 예산교육을 시키는 거예요. '왜 나한테 예산교육을 시키지?' 1차 예산교육을 받고 집에 가서 민회를 찾아 봤어요. 의미가 거창해요. 그런데 저는 아무 개념이 없어요. 아테네, 직접민회, 직접민주주의 등등. 그런 자료들이 너무 흥미로운 겁니다. 그렇지만 감히 내가 의장을 나갈 감은 안 된다는 생각과 함께 1차는 재미없었지만 2차는 가봐야지 했죠. 그런데 의장할 사람이 없다는 거예요. 이틀 지났는데 자진출마도 추천도 없더라구요. 도와달라는 문자가 왔어요. 그럼 뭐, 의장이 회의 진행하는 거면 해보자 했죠. 그래서 했습니다. 두 명이 추천되었는데 한 분은 사회적 경력이 화려해요. 저는 평범한 주부고요. 그런데 제가 됐습니다. 이런 일도 있구나 했죠. 이러면서 민회의 의미, 주민참여의 의미를 나도 모르는 사이에 자꾸 생각하게 됐습니다.

이런 와중에 우리 목소리를 낼 수 있는 제도가 있다는 겁니다. 주민자치회도 있고, 구의회도 있고, 그 전에는 제가 아는 건 대통령과 국회의원밖에 없었던 것 같아요. 투표도 이 사람들만 했구요.

'이렇게 지역사회에 의견을 내고 변화를 줄 수 있는 제도가 있구나.' 하는 걸 알고 주변 분들에게도 이야기를 했습니다.

그런데 일반 주민들은 내가 할 것은 아닌 것 같아 하고 거부하시더라구요. 우리 의사를 전달하고 힘을 키울 수 있는데 그걸 직접적으로 하지 않는 것을 보게 된 거죠. 주민 스스로 의견을 내고 관심을 가져야 한다, 안 그러면 목소리 큰 지역사회 유지들 말만 듣는다 하고 이야기를 해도 안 듣더라구요.

이 과정을 거치면서 주민자치회가 있다는 것을 알게 되었고 더 많은 사람들이 함께 할 수 있는 제도가 생기는구나, 막연하지만 우리 동네가 좋게 변하겠다는 생각이 들어 주민들 모임도 만들었습니다. 마을자치연구소라고 다른 지역의 주민자치 조례를 공부하는 모임입니다. 그렇게 시작하게 된 것 같네요.

마을자치연구소를 만들었다고 하셨는데요. 해보자고 했을 때 주민들 반응은 어땠나요?

구로민회 참석자들을 중심으로 두 개의 모임이 만들어졌어요. 정책을 알려면 예산을 알아야 하는데 숫자는 어렵잖아요. 그래서 우리가 공부를 해보자 하고 마을자치공부모임을 만들었어요. 민회 참석자들은 지역활동을 하시는 분들이 많아요. 그러다 보니 참석률도 좋고 적극적이었죠. 하지만 일반 주민들은 그게 뭔지 관심도 없었어요.

지금도 운영되고 있지만 어려움이 많습니다. 사실 모든 모임은 자금력이 있어야 되잖아요. 전에는 공모사업도 했는데 쉽지 않더라구요. 물론 나가시는 분들도 있지만 공통 관심사가 있으니 꾸준히 운영되고 있습니다. 사실 자치라는 말도 어렵고 주민자치회도 어렵고 직접민주주의도 어려운 말이에요. 민주주의라는 개념도 자리 잡지 못한 경우도 많아요. 그러다 보니 정말 관심 있는 분들 중심으로 운영되고 있습니다.

주수정 지원관님은 가리봉동에서 지원관 활동을 하고 계신데요. 지원관 활동을 하게 된 계기는 무엇인가요?

주민자치회 지원관이 필요하다는 말을 듣게 됐습니다. 마을자치연구소에서 활동하면서 지원관이 필요하다는 이야기를 듣고 우리가 지원관이 되어서 주민들을 만나자는 결심을 하게 된 거죠. 구로1동에서는 주민자치위원으로 활동을 하고 있는데요. 제가 직접 지원관이 되어서 제가 생각하는 주민자치회와 직접민주주의 실현에 일조하고 주민들에게 널리 알리고 싶은 욕심과 의욕이 생기는데 엉뚱한 사람이 들어와서 자리만 차지하면 안 되잖아요. 그래서 내가 실현하고 싶다면 내가 직접 해보자는 생각으로 지원하게 됐습니다.

지원관은 실제 어떤 활동을 하나요?

말 그대로 주민자치회를 지원합니다. 주민들에게 주민자치회를 알리는 공식 책자에는 '권한을 주고 권한에 따른 책임을 주는 게 주민자치회다.'라고 설명하고 있어요. 저는 가리봉동인데 가리봉동에서 주민들이 내는 주민세의 일부를 주민자치회에서 운영합니다. 그게 권한이죠. 주민자치위원회는 예산안은 없었어요. 자치회관 강사 섭외, 프로그램 신설 폐기 등을 의결하는 권한만 있었죠. 그것도 동에서 강사 섭외를 마무리한 상태에서 거수기 역할만 했다고 보면 됩니다. 그런데 주민자치회는 주민들의 돈을 거둬서 그 돈으로 지역 내 문제를 논의하고 집행하는 곳입니다.

그런데 주민자치회가 됐으니 바로 해 보세요 하면 어려워요. 서울시는 지원관 제도를 두고 예산집행방법, 회의진행방법, 총회진행방법 등의 프로세스를 주민자치회 시범사업에서 시행하도록 했습니다. 이를 통해 장단점을 조율해 매년 새로운 경험을 주는 거죠. 지원관은 이를 주민들에게 제시하고 지원하는 역할을 합니다.

'지원'이라는 게 어려운 일이잖아요. 관과 주민 사이에서 각각의 입장을 들으시다보면 애로사항도 많으셨을 것 같습니다.

많죠. 처음 왔을 때 어떤 분은 우리는 행사 진행만 하면 되는데 왜 회계를 하라고 하냐, 주민들은 스스로 집행하지 못한다, 구청에서 잘못 만들었다 등 많은 불만이 있었습니다. 하지만 저는 이 제도는 앞으로 15년을 내다보고 만든 제도라고 생각합니다. 지금 시작하지 않으면 15년이 늦어지는 거죠. 지금은 미흡하지만 계속 실행하다 보면 15년 후에는 복지 외 모든 행정 부분은 주민이 위탁받아서 주민자치회가 운영하는 날이 올 수 있다고 봐요. 행정안전부는 그런 큰 그림을 그린 거라고 생각합니다. 국가 차원에서 주민에게 권한을 주기 위한 큰 그림의 일부가 주민자치회라고 봅니다. 그런데 갑자기 전환해 주민들에게 해보라 하면 어려움이 있으니까 지원관 제도를 둔 거죠. 지금 당장 모든 게 준비되어서 할 수 있는 것은 아니잖아요.

장기적 안목으로 봤을 때는 동 주민센터의 역할을 주민자치회가 하게 된다는 거네요?

그게 큰 그림이라고 봅니다. 독산4동의 경우 민간인이 동장이 됐어요. 지방에서도 2명의 민간인 동장이 있고 수원은 주민들이 동장을 투표합니다. 복지는 구청이 하고 민원행정은 주민이 위탁받아 지역 내 모든 살림을 주민의 대표조직이 보는 것이 큰 그림이 아닐까 합니다. 이런 장기적 계획이 이제 시작되었는데 당연히 불만과 시행착오가 있겠죠.

구로구는 주민자치회와 별도로 구로구협치회의가 운영되고 있는 것으로 알고 있습니다. 주민자치회와 구로구협치회의의 관계가 궁금합니다.

사실 협치라는 말이 어렵습니다. 구로구 차원에서는 「서울특별시 구로구 민관협치 활성화를 위한 기본 조례」에 의거해 구로구협치회의가 설치되어 운영되고 있는데요. 조례가 만들어지고 그해 10월쯤 협치팀이 만들어져 여러 행사를 했어요. 간담회를 했는데 주민들이 안 오는 거예요. 첫 번째 행사에 안 오니 두 번째 행사 때는 동에서 동원을 했어요. 그 이유는 제도는 만들었는데 말이 어렵고 참여할 수 있는 뭔가가 없다 보니 주민들이 안 가는 거죠.

사실 협치와 자치는 똑같은 말이라고 생각해요. '협치'는 민과 관, 중간지원조직이 함께 하기 위한 조직이고 '자치'도 주민들의 조직에서 나오는 논의 결과를 실행하기 위해 관의 도움을 받아 실행하는 거죠.

다른 점은 자치는 우리 동네를 위해 일반 주민들이 논의하는 것이고, 주민들을 지원할 수 있는 기본적인 제도와 교육, 정책을 제안하는 역할이 협치라고 생각합니다. 협치는 내 집 앞의 보도블록이 아니라 구로구의 앞으로의 방향을 의논해서 새로 만들어가는 게 아닐까요?

생활 속에서 직접민주주의를 실현하자는 말을 많이 합니다. 직접민주주의 실현을 위해 주민자치회는 어떤 역할을 해야 할까요?

주민자치회 자체가 주민자치회의 프로세스나 방향을 보면 직접민주주의를 기초단계부터 실현하기 위해 만들어졌다고 봅니다. 분과 논의가 전체회의에 올라와 의결을 통해 통과되고 주민자치위원 50여 명이 아니라 총회를 거쳐 최종 의결되는 것이 직접민주주의 시작이지 않을까요?

직접민주주의의 최소 단위는 주민자치회라고 봅니다. 주민들의 직접 참여를 유도하기 위해 만들어진 거죠. 최소 단위에서 주민들이 직접 의결하는 것이 직접민주주의라고 생각합니다. 그런데 이것 또한 주민들은 어렵게 생각하고 있어요.

참여 자체가 어려운 겁니다. 지역문제를 허심탄회하게 이야기하는 것도, 말하는 것도 연습이 안 되어 있다 보니 말씀하시는 게 어려운 거예요.

'중국인들이 침을 뱉어'까지는 이야기합니다. '그럼 어떻게 했으면 좋겠어요?'하고 물으면 '나도 모르지.'라면서 입을 닫습니다. 이게 현실입니다.

직접민주주의라는 제도는 깔려 있는데 주민들의 참여를 어떻게 유도할 것인가가 숙제인 셈이죠. 주민자치회라는 민주주의의 기초가 실현될 수 있는 주민 참여 방법을 많이 연구해야 한다고 생각합니다.

사실 민주주의라고 말하는 순간부터 어려워집니다. 우리가 민주주의를 이뤄야 한다고 말하는 순간 주민들은 '어머 쟤네는 뭐지? 뭔가를 하려나 보다'하고 생각하죠. 참여하는 순간 민주주의라고 말하지 않아도 직접민주주의가 되는 길, 즉 쉽게 접근할 수 있는 방법이 연구되어야 합니다.

마지막으로 주수정 지원관님이 하시고 싶은 말씀있으면 해 주십시오.

제가 관심 있는 것은 우리 집앞 문제입니다. 집앞 문제도 해결 못하면서 나라 문제를 걱정하나 싶습니다. 내 집앞의 이야기를 스스로 꺼낼 수 있는 통로가 있어야 하고 그것이 구에서도 받아들여질 수 있는 체계와 구조가 있어야 한다고 생각합니다.

그런데 지금은 제도가 형식적인 게 많아요. 예를 들면 제가 서부간선도로 건설과 관련해 환기구 반대 위원장을 하고 있는데 정책상으로 건설 관련해서 공청회를 개최하는 것이 의무예요. 그런데 입맛에 맞는 사람으로 구성해서 공청회를 하더라구요. 형식적이죠. 정책이 있어도 지켜지지 않는 곳이 많은 거죠. 체계와 구조가 주민들이 자기 목소리를 낼 수 있도록 운영되었으면 합니다.

주민자치를
밀어주고 끌어주고

주민자치의 성공 여부, 결국은 사람

최형숙 강북구 수유2동 주민자치회 지원관을 만나다

먼저 자기소개를 부탁드리며 주민(마을)자치와 관련해 하시는 일은 무엇입니까.

안녕하세요 인터뷰 당시 강북구 수유2동 주민자치회 지원관이었으며 현재는 수유1동 지원관으로 주민자치회 구성을 하고 있습니다. 2021년 12월까지 지원관 역할을 마무리하고 다시 강동구 민간노동단체에서 민주시민교육, 노동·인권·평화교육 활동을 할 예정입니다.

최형숙 지원관님은 강동구에서 오랫동안 마을운동을 하신 것으로 알고 있습니다. 강동구와 강북구 두 곳의 주민자치, 마을운동을 경험하고 계신데요. 강동구에서 처음 마을활동을 하시게 된 계기는 무엇인지요? 그리고 강북구에서 주민자치활동을 하시게 된 과정이 궁금합니다. 더불어 두 지역의 주민자치 경험이 활동하시는 데 어떤 도움이 되시는지요?

민주주의·평등·평화로 가는 건강한 지역공동체와 우리 사회를 꿈꾸며 지역 현장을 삶의 현장이자 사회운동의 현장으로 생각하고 1993년부터 강동지역에서 지역운동을 시작했습니다. 1997년 IMF로 인해 실직자 가정 아동·청소년들과 함께 하는 공부방 운영을 시작했고, 7년간은 공부방 교사로 활동하며 지역운동을 했으며, 이후 현재까지 20년간 시민단체 활동가로 다양한 시민단체 활동에 참여했습니다. 박원순 전 서울시장 당선 이후에는 강동구 마을공동체 및 도시재생 주민협의체 지원을 담당하기도 했습니다. 현재는 강동지역에서 강동노동인권센터를 운영하며 사각지대에 처한 동네 노동자들의 인권 및 교육·상담 지원 활동을 하고 있기도 합니다.

강북구에서 동 단위 주민자치회 구성과 지원을 하게 된 계기는 평소 동 공동체(생활단위)지역사업 모델에 관심이 있었고 서울형 주민자치회가 동 단위 주민자치회 사업을 하고 있어서 동 단위 주민자치회 사업에 관심을 가지는 계기가 되어 지원관으로 참여하게 되었습니다.

지역은 다르지만 그간 주민운동의 경험이 동 단위 주민자치회를 지원하는 데 많은 도움이 되었으며 동 단위야말로 우리 사회 주요한 방향이 통합적으로 펼쳐질 수 있는 장임을 확인했습니다.

'마을이 곧 세계다.'라는 말이 있듯이 진정한 주민자치는 주민들이 실질적인 주인이 되는 것이고 마을의 변화를 만들어가는 주역이 되는 것입니다. 그 과정을 만들기 위해 무엇보다 동지원관이 확고한 주민들의 변화 가능성을 믿어야 하고 활동가의 정신과 실천이 살아 있어야 합니다. 주민들의 역량을 강화하여 스스로 주인이 되는 전 과정을 아낌없이 지원할 수 있는 활동가 정신이 살아있는 동 지원관들이 동 단위 활동을 지속적으로 할 수 있다면 주민자치는 강력한 힘을 발휘할 수 있겠다는 확신이 생겼습니다.

지원관으로 활동하신 지역이 강북구 수유동입니다. 이 지역의 특성에 대해 지금도 활동을 하고 계시는 강동구와 비교해서 설명해 주시겠습니까?

수유2동 주민자치회는 동 단위 생활밀착형 주민사업으로 동네 생활주민들의 요구 및 활동을 보다 구체적으로 조직할 수 있는 장점이 있습니다. 주민공론장 및 분과활동 등 생활에 꼭 필요한 주민들의 이해요구를 반영하여 우리 사회가 반드시 해결해야 하는 교육·환경·복지·주거·의료 등 주요 과제들과 연결하고 가장 아래 동 단위 활동에서 구체적으로 펼쳐 나갈 수 있는 장점이 있습니다. 강동구에서는 구 단위 취약계층 의제를 반영하는 창구로서 민간단체 활동이 많았기에 생활단위 지역운동에 대한 가능성을 수유2동 주민자치회를 통해 배울 수 있었습니다. 코로나 이후 향후 우리 사회 운동이 보다 생활 단위로 밀착하고 지원하는 과정으로 나아가야 한다는 방향도 확고해졌습니다.

마을운동을 오래 하셨습니다. 주민자치회 지원관 활동을 하시면서 마을운동의 경험이 좋은 토대가 되셨을 것 같습니다. 지원관 활동의 주안점 혹은 목표가 있으셨다면 말씀 부탁드립니다.

앞에서 말씀드렸듯이 일차적으로 동 지원관들의 활동 자세와 역량을 중요하게 봅니다. 동 지원관이 주민들의 변화 가능성을 믿고 활동가의 정신이 있어야 주민자치회가 성공할 수 있습니다. 주민들의 역량을 강화하여 스스로 주인이 되는 전 과정을 아낌없이 지원할 수 있는 활동가 정신이 살아있는 동 지원관들이 동 단위 활동을 지속적으로 할 수 있도록 직업인에 안주하거나 관성과 타성에 젖지 않도록 동 지원관들의 역량강화교육 및 관리가 필요합니다. 그러나 현실은 사업이 많고 늘 바쁜 상황이라 중간지원조직이 동 지원관 역량강화 및 조직관리를 하는 것에는 한계가 있지 않나 생각되네요.

주민자치회가 시범사업이다 보니 활동이 만만치 않으셨을 텐데요. 그래도 직접민주주의, 풀뿌리민주주의 현장에서 경험하게 되는 뿌듯한 경험도 많으셨을 것 같습니다. 자랑하고 싶은 경험이 있으시다면 부탁드립니다.

수유2동 주민총회를 준비하는 과정에서 주민들의 참여를 구체적으로 조직하는 마을의제 주민공론장을 4~5회 나누어 분과별로 성황리에 운영했습니다. 참여하는 주민들도 만족했고 진행하는 주민자치회 위원들도 크게 만족했던 공론장이 되었는데 아마도 주민들이 가지는 동네에 대한 관심을 다양한 공론장이라는 장에서 표출할 수 있었던 것이 수유2동에서는 처음이었기 때문이 아닐까 합니다. 강북구에서도 자치계획수립을 위한 주민의제 공론장을 4번 이상 개최하고 진행한 곳은 수유2동이 유일했으며 공론장에 참여한 주민들은 수유2동에 주인이 된 것 같다고 했습니다. 향후 강북구주민자치사업단에서도 모범적인 수유2동 주민공론장 운영을 주민총회 과정에 꼭 진행하기로 했습니다.

강북구는 2019년부터 주민자치회 시범사업이 시작되었습니다. 실제 현장에서 활동하시면서 주민자치회의 성공적 안착을 위한 개선점을 많이 느끼셨을 텐데요. 무엇을 개선해야 한다고 생각하십니까?

주민자치회 위원들에 대한 학습모임 지원을 통해 주민들이 스스로 주민자치를 만들어가는 주인이 되는 인식을 뒷받침해야 한다고 봅니다. 공부하고 실천하는 주민들 만이 의존을 버리고 주민자치의 주인이 될 수 있습니다. 서울형주민자치회 형식을 도입하여 주민자치회가 구성은 되었으나 예산을 따고 사업을 하는 정도로 그치게 하는 것이 아니라 스스로 문제의식을 가지고 주체가 될 수 있도록 <주민자치회 학습 서클>을 보다 육성하고 선진역량들의 리더십 역량을 강화하여 주민자치회 역량을 더욱 높여야 합니다.

작년 지방자치법 전부개정안에서 주민자치회 근거조항이 삭제되었습니다. 동 자치지원관이라는 입장에서뿐만 아니라 마을활동을 꾸준히 해 오신 입장에서 이러한 현실이 남다르게 다가오실 텐데요. 지원관 활동을 하시면서 누구보다 주민자치회의 중요성에 대해 깨달은 바가 많으실 것 같습니다.

주민자치회는 무엇보다 주민들의 자발적인 조직이고 주민자치회의 발목을 잡는 문제들도 주민자치회 위원들의 능동적인 참여로 개선해야 한다고 봅니다. 아직 주민자치회 위원들이 지방자치법이나 주민자치회 조례 등 관심이 적은 것을 볼 때 주민자치회가 스스로 목소리를 내기에는 주체 역량의 힘이 부족하지 않은지 모든 중간지원조직이 반성하고 사업의 방향을 심도 있게 바꿔나가야 할 때가 아닌가 합니다.

오세훈 서울시장은 주민자치회의 전면 시행을 보류한다고 발표했습니다. 주민자치회 사업에 제동이 걸린 것은 분명한데요. 주민자치회에 대한 오세훈 서울시장의 정책과 비판을 어떻게 평가하시는지요?

　주민자치회가 성장하는 것이 당연히 두려울 것이라 봅니다. 오세훈 시장의 주민자치회 정책은 죽었다고 보고 하루빨리 서울시장이 교체되는 것이 답이라고 봅니다.

주민자치가 발전해 나가기 위해 시급히 해결되어야 할 일은 무엇이라고 생각하시나요? 그리고 주민자치의 활성화가 직접민주주의(풀뿌리민주주의)의 대중화에 기여할 수 있는 점은 무엇이라고 생각하시는지 듣고 싶습니다.

　주민자치회 학습 서클이 모든 동별 주민자치회에 10~20개 이상 만들어지고 운영될 수 있도록 만드는 것이 그 어떤 사업을 하나 더하는 것보다 중요하다고 생각합니다. 주민자치위원 입문 시 주민자치학교만으로는 주민들이 주민자치의 주인이 될 수 없습니다. 주민자치학교 심화과정을 운영하고 심화과정 수료 이후부터는 자발적인 학습 서클을 만들어 지속적인 학습을 하도록 안내하고 지원해서 주민들의 성장을 체계적으로 지원해야 합니다. 주민들이 주민자치회 사업의 대상이 되지 않도록 가장 중요한 일을 가장 먼저 하는 것이 시급해 보입니다.

마지막으로 최형숙 지원관님이 하시고 싶은 말씀있으면 해 주십시오.

학습하고 실천하는 주민들만이 주민자치회의 주인이 되고 세상을 바꿀 수 있습니다. 활동가들은 주민들의 성장을 정말 얼마나 고민하고 있을까요? 세상을 바꾸는 주민들의 힘을 얼마나 믿고 있을까요? 활동가들 스스로 혁신하고 운동의 정신을 똑바로 하는 것이 가장 중요한 일이 아닌가 생각합니다.

공모사업은
주민자치 접근성을 높이는 중요 사업입니다

김정열 동대문구 마을자치지원센터 센터장을 만나다

먼저 자기소개를 부탁드리며 주민(마을)자치와 관련해 하시는 일은 무엇입니까.(인터뷰 당시와 변화가 있다면 인터뷰 당시 역할과 지금 하시는 일도 함께 말씀해 주시기 바랍니다.)

저는 동대문구 마을자치지원센터에서 활동하고 있는 김정열 센터장입니다. 다양한 형태의 마을공모사업은 물론이고 주민자치를 지원하는 일을 담당하고 있습니다. 지금까지 약 4년 동안 다양한 주민들을 만나고 함께 자치의 길을 열기 위해 애써 왔습니다.

불행히도 오세훈 시장이 당선되고, 전임 시장의 다양한 혁신정책을 시대착오적으로 역행하는 바람에 자치구들이 재정 마련에 많은 어려움을 겪었고, 결과적으로 동대문구에서는 센터 민간위수탁을 종료하기로 결정하여 2021년 12월 31일까지만 센터를 운영하기로 했습니다. 현재의 시장이 정책사업을 종료하더라도 자치구에서 이런 부분에 대해 예산을 마련하고 혁신정책을 이어갈 방안을 마련해야 정상이나 아쉽게도 동대문구의 경우에는 그것이 불가능한 상황입니다.

센터장님의 마을운동 첫발이 궁금합니다. 마을에 관심을 갖게 된 계기는 무엇일까요?

제일 처음 마을에서 활동한 것은 2006년쯤으로 기억하고 있습니다. 저소득층 자녀들을 위한 무료공부방과 작은도서관을 운영하면서 자연스럽게 활동을 시작했습니다. 청소년들과 더불어 10여 년 운영하다가 지역아동센터가 곳곳에 세워지고 저희가 운영하던 공부방에 대한 효능감이 점차 작아지면서 운영을 중단하고 지역에서 독서실(배봉꿈마루청소년독서실)을 민간 위탁하여 본격적으로 지역주민들과 만나기 시작했습니다. 초기에는 주로 청소년들과 그들의 부모들과 교류하였고, 독서실을 통한 다양한 문화활동을 전개하며 더 많은 주민들과 만나기 시작했으며 그러다가 2007년 마을생태계 조성사업단을 거쳐 2018년 가을부터 마을자치지원센터에서 활동하게 되었습니다.

동대문구의 마을운동과 자치 현황을 꿰뚫고 계실 텐데요. 동대문구 현황이 궁금합니다.

다른 자치구와 상황은 유사합니다. 다양한 지역 주체들이 있고, 여러 영역에서 활동하는 활동가들이 있습니다. 조금 부족한 점은 연대가 어려운 점입니다. 그럼에도 불구하고 더 많은 미래적 전망을 가지고 있기도 합니다. 이제 2022년이면 자치구청장이 새롭게 선출될 텐데 그런 점들이 잘 정리되면 더욱 본격적으로 주민들의 활동이 있지 않을까 조심스럽게 예측해 봅니다.

마을공동체 활동은 지역적 특색을 갖고 있습니다. 동대문구의 경우, 배봉산에서 열리는 산속 책 축제는 마을 전체의 축제로 성장한 것으로 알고 있습니다. 동대문구의 마을공동체 활동에 대한 소개 부탁드립니다.

배봉산은 역사적으로도 중요한 장소이고, 동대문의 거의 유일한 녹지 공간이라고 할 수 있습니다. 정상에는 관방유적도 발굴되어 다양한 의미가 있으며, 주민들에게 사랑받는 근린공원도 자리하고 있습니다. 이런 역사문화적 배경이 있음에도 변변한 책 축제가 없었던 것이 아쉬워 동대문구도서관네트워크가 2015년 결성되었고, 주민들과 함께 제1회 책 축제를 열었습니다. 그리고 이듬해 '숲속 책 축제'라는 콘셉트로 포레스트 북페스티벌로 확장하기 시작했습니다. 다행히 주민들의 열렬한 참여가 있어서 매년 새로워지고 있습니다. 이렇듯 동대문구는 마을활동이 다른 자치구에 비해 조금 더디 가는 편이긴 하지만 이제 새로운 활동들이 서서히 열리고 있으며 주민들이 적극적으로 참여하는 중에 있습니다.

뿐만 아니라 지난 상반기와 하반기에 이르기까지 주민들의 활발한 참여로 시작된 우유팩 재활용 관련 프로젝트도 성료되었고, 자치구에서도 수거하는 일에 협조하는 과정으로 들어갔습니다. 초기에 아무런 준비도 없이 시작했지만 이미 우유팩 관련한 재활용에 대하여 문제의식이 있던 주민들의 참여로 아주 좋은 성과가 있었습니다. 이렇듯 마을공동체의 활동은 단순히 공모사업의 틀 안에서만 이루어지는 것이 아니라 다양한 범주에서 활발하게 진행되고 있습니다.

전농2동 주민자치회는 전농2동을 책 동네로 성장시켜 전국에 선보일 장기계획을 수립한 것으로 알고 있는데요. 전농2동은 마을공동체의 특성과 주민자치회 활동이 잘 어우러진 좋은 모범으로 보입니다. 그 과정이 궁금합니다.

　전농2동의 다양한 자원을 조사하며 드러난 것 가운데 하나가 학교가 많고 더불어 여러 관종의 도서관이 많다는 것이었습니다. 시립대학교와 초중고를 합하면 8개의 학교가 있기에 학교도서관까지 합할 경우 도서관의 수가 다른 동에 비하여 현저히 많습니다. 이런 결과는 결국 전농2동의 의제가 어느 방향으로 나가야 할 것인지를 알려주는 것입니다. 더불어 바로 접근할 수 있는 거리인 전농1동에는 향후 서울시 대표 도서관이 세워질 예정입니다. 이렇게 되면 도서관이나 책이 하나의 특화 요소가 될 것이고, 전농2동의 자원과도 맥을 같이 하는 것이기에 오래 전부터 이런 내용을 공론화해 왔으며, 주민자치회에서도 적극적으로 이런 부분을 감안하여 의제를 더욱 구체화하는 과정에 있습니다.

　더구나 위에서 언급한 배봉산은 전농2동에 위치해 있고 그 속에서 열리는 책 축제도 초기에 전농2동 주민들의 적극적인 참여로 확장될 수 있었습니다. 이런 모든 것들이 연결되어 오늘날 전농2동 주민자치회로 고스란히 연계되었고, 당연히 주민자치회에서는 이런 토대의 의제를 기꺼이 받아들일 수 있었습니다.

김정열 센터장님은 서울마을자치센터연합(서마련)에서도 활동하고 계십니다. 서마련은 어떤 활동을 하는 곳인가요?

서울시에 중구를 제외한 24개의 마을자치를 지원하는 조직이 있습니다. 이 조직들이 마을과 자치에 관련한 정책을 함께 만들어가며 가치를 지향하기 위한 연대체의 필요에 의해 지난 2021년 5월 14일에 창립했습니다. 서울에 있는 약 300여 명의 활동가들이 함께 하고 있으며, 센터뿐 아니라 자치구에서 직영하고 있는 주민자치사업단도 함께 하기도 합니다.

지난 서울시장 선거 후 마을자치 정책의 후퇴를 목도하고 심지어 활동가들이 활동할 수 없도록 인건비와 운영비를 전액 삭감하는 구시대적 행정 독재에 대응하여 지금까지 1인 시위를 이어오고 있으며, 예산의 문제를 넘어서는 풀뿌리민주주의와 주민자치 그리고 민주주의의 후퇴라고 하는 상황에 직면하여 모든 센터들이 일치단결하여 서마련의 이름으로 연대하고 있습니다. 좀 더 나은 상황이 되면 초기의 목적대로 마을자치 정책을 함께 만들어가고 주민들을 촉진하는 전문 활동가들의 연대체로 돌아갈 것입니다.

오세훈 서울시장의 마을(주민)자치활동에 대한 공격이 심각한 수준입니다. 'ATM기다', 다단계다 하면서 지난 10여 년간의 마을 주민 자치활동을 비롯한 공익활동 단체들에 대한 비난이 심각한데요. 김정열 센터장님은 지난 10여 년간 성장해온 서울시의 마을 주민 자치운동을 어떻게 평가하시나요?

이미 1조원 지원설이 잘못된 자료의 인용이었다는 사실이 드러나고 있는 상황이라 오세훈 시장의 발언은 진정한 풀뿌리민주주의에 대한 그리고 그동안 그 일을 위해 열정을 불태운 활동가들을 모독하는 발언입니다. 이런 발언은 정책에 대한 명확한 인식의 부재이며 시민력의 성장을 이해하지 못하는 구시대적 정치가의 생각이라고 봅니다.

그럼에도 불구하고 소소한 마을공동체 활동으로 시작하여 이제는 각 동에서 풀뿌리민주주의의 근간을 놓아가는 과정은 결코 헛된 것이 아닙니다. 그동안 일구어온 주민의 힘은 퇴행하지 않을 것이며, 민주주의를 후퇴시키려는 정치가의 야망은 깨어질 것이라 확신합니다. 비록 시시비비를 가려야 할 많은 일들이 있지만 마을과 주민들은 더 큰 꿈을 가지고 주민자치 100년의 역사를 놓아가는 일을 함께 하고 있습니다.

마을(주민)자치활동 단체뿐만 아니라 다른 부문의 공익활동 단체들까지 힘을 모아 서울시의 공익활동을 지키기 위한 공동 행동이 벌어지고 있습니다. 서울마을자치센터연합의 향후 활동 계획에 대해 말씀 부탁드립니다.

2021년 10월부터 1인 시위를 이어 왔고, 주말을 빼면 50회 이상을 진행해 왔습니다. 그 과정에서 '서울시의 민주주의는 죽었다.'는 연대 퍼포먼스를 진행했습니다. 약 100여 명이 함께 모였던 퍼포먼스에서 연대했던 주체들은 이 일을 계기로 연대의 힘을 느꼈고 향후에도 이런 활동을 계획하고 있습니다. 2022년에는 연대를 더욱 공고히 하고 중간지원조직의 틀을 넘어서는 시민의 한 사람으로 더 다양하고 강력한 활동을 계획하는 중에 있습니다.

직접민주주의 실현이라는 관점에서 마을(주민)자치활동의 성장은 대단히 중요한데요 어떤 외부 풍파에도 흔들리지 않고 마을(주민)자치가 지역에서 굳게 뿌리 내리기 위해 필요한 것은 무엇일까요?

양당제가 공고한 한국 사회에서는 대의민주제로는 주민자치의 한계가 분명합니다. 자치구 단위까지 공천권을 행사하는 양당 독식의 구조는 결국 주민의 의견보다는 정당의 정강 정책 중심으로 활동하도록 구조화되어 있습니다. 이런 일을 중단시킬 수 없어서 부득불 가장 작은 주민단위인 각 동에서 자치를 실현하려고 하는 것이 바로 주민자치 운동입니다.

이 일을 더욱 활성화하고 주민 개개인의 생각과 의견이 정책으로 확장해 나가려면 결국 주민자치회가 그 힘을 발휘해야 하고, 이제 그 역사적인 첫발을 떼었는데 이 또한 정치인의 유불리에 따라서 정책을 중단하거나 혹은 주민자치를 위한 법제화를 늦추려고 하는 것처럼 보여 주민들이 더욱 강력하게 연대하고 힘을 모아야 한다고 봅니다. 더구나 이런 일을 촉진하기 위한 주민지원조직이 민간영역에서 더욱 활발하게 운동할 수 있도록 그 영역을 확보해 나가는 것도 아주 중요한 점이라고 봅니다.

마지막으로 김정열 센터장님께서 하고 싶으신 말씀이 있다면 부탁드립니다.

서울은 지난 서울시장 보궐선거 이후 큰 혼란에 빠졌습니다. 서울시는 전임시장의 혁신정책들을 대부분 아무런 검증도 없이 무차별적으로 파괴하고 있습니다. 그야말로 모든 분야를 과거로 되돌리려는 것처럼 보입니다. 이 시대의 10년은 과거의 십 년에 비해 수 십 배의 빠른 변화를 보이고 있는데 반해 오세훈 시장은 그동안 이 시대의 화두가 무엇인지 망각하고 오히려 과거로의 회귀, 극단적 우파 정책의 선봉장인 양 앞장서고 있습니다. 아무리 정치인이라지만 이런 행태는 개탄스러운 일입니다.

마을과 자치 그리고 모든 혁신 분야에서 일하고 있는 풀뿌리민주주의를 염원하는 모든 이들이 이런 점을 간과하지 말고 더욱 연대하고 혁신하여 이른 시일 안에 이런 점들이 복구될 수 있도록 함께 노력했으면 하는 바람을 가져 봅니다.

주민자치를 밀어주고 끌어주고

이제는 '주민참여'를 넘어
'주민권한'을 가져야 할 때

박정란 관악구 주민참여예산위원회 위원장을 만나다

먼저 자기소개를 부탁드리며 주민(마을)자치와 관련해 하시는 일은 무엇입니까.(인터뷰 당시와 변화가 있다면 인터뷰 당시 역할과 지금 하시는 일도 함께 말씀해 주시기 바랍니다.)

안녕하십니까? 저는 현재 푸른공동체 살터 사무국장, 제10대 관악구 주민참여예산위원회 위원장, 서울마을활동가연대 대표를 맡고 있는 박정란입니다.

푸른공동체 살터는 2006년 3월 25일 창립한 환경운동단체이며 관악구 주민참여예산위원회는 지난 2012년부터 시작하여 10년을 맞이하여 아카이빙과 평가 포럼을 준비 중에 있습니다. 서울마을활동가연대는 2020년 7월 8일에 창립하여 그 동안 '이름 없는 노동'이었던 마을활동의 사회적 의의를 정의하여 마을활동가들의 사회적 인정과 보장을 위해 마을 포럼, 세미나, 회원 교육, 현장에서 고군분투하고 계신 마을활동가들의 목소리를 듣는 찾아가는 작은 공론장 등을 진행하였습니다.

박정란 위원장님은 관악마을지원센터 센터장, 마을학교 분과장 뿐만 아니라 지금은 주민참여예산, 사회적협동조합까지 주민자치의 다양한 영역에서 활동해 오신 것으로 알고 있습니다. 마을일에 관심을 갖게 된 계기가 궁금합니다.

마을활동은 마포구에서 관악구로 이사를 오면서 시작하게 되었습니다. 최근 기후위기와 환경에 대한 관심이 점점 높아지고 있지만 15년 전만 해도 그렇지 않았습니다. 환경은 누구나 쉽게 접할 수 있으나 공기처럼 절박한 상황이 아니면 당연하게 존재하는 것으로만 인식하게 됩니다. 그러나 한 번 망가지고 파괴되면 회복하는데 너무나도 많은 노력과 시간이 필요합니다. 불필요한 수고와 노력이 소비되지 않으려면 준비와 예방이 최선입니다.

이에 푸른공동체 살터는 미래의 버팀목인 아이들과 현재의 든든한 디딤돌인 부모님들이 함께 부담 없이 쉽게 참여할 수 있는 콘텐츠를 기획하고 진행하면서 마을에 대한 관심과 애정을 쏟게 되었습니다.

관악구는 마을자치활동이 잘되는 지역으로 알려져 있습니다. 관악구의 마을자치 현황과 주민들의 참여도는 어떠한가요?

관악에서 진행하고 있는 마을자치분야는 주민참여예산, 마을공동체, 혁신교육, 사회적경제, 도시재생, 주민자치, 협치, 자원봉사, 돌봄, 환경, 주거 등 다양합니다. 분야에 따라 민간주도, 민민협력, 민관협력 형태로 운영되고 있습니다.

올해 5월, 관악기후행동학교를 시작으로 민민협력 방식의 관악기후행동을 발족하였습니다. 구성은 단체, 모임, 개인이 함께 하고 있으며 월별 공동실천 캠페인, 연대활동, 교육 등을 진행하였습니다. 최근 기후위기, 환경에 대한 관심이 높아지면서 다양한 내용과 방법을 준비하고 있습니다.

민관협력 활동은 행정과 함께하는 각 위원회가 있습니다. 홍보는 아무리 많이 하더라도 늘 부족하게 느껴지는 부분입니다. 중복해서 활동하는 주민들도 있으나 참여하고 있는 대부분의 주민들과 주무부서가 절실함으로 함께 하고 있습니다.

주민참여예산위원회는 청소년부터 어르신까지 다양한 계층의 위원님들로 구성되어 있습니다. 특히 직장인들도 참여하고 있어 저녁과 주말을 이용하여 각종 회의와 현장 답사, 모니터링 등이 이루어지고 있습니다.

주민참여예산위원장으로 활동하고 계십니다. 예산 문제는 마을에 필수적인 영역이긴 하지만 주민들에게 접근하기 어려운 부분이기도 한데요. 주민참여예산위원회가 하는 일은 무엇인가요? 더불어 주민참여 과정을 통해 진행한 사업 중에 독자들에게 자랑하고 싶은 사업이 있으시면 말씀 부탁드립니다.

주민참여예산위원회는 참여예산학교를 수료하는 것부터 시작합니다. 첫째는 주민제안 사업을 분과별로 논의하고 현장 답사를 통해 1차 사업을 정리한 후 주무부서와 사업 내용에 대한 서로의 입장을 이야기하고 조정하는 과정을 거쳐 분과별 우선순위 기준에 맞추어 2차 사업을 정리하여 조정협의회에 제출합니다. 두 번째는 전년도에 채택된 사업에 대한 상·하반기 모니터링입니다. 제안자의 제안 내용이 사업계획에 제대로 반영되었는지, 현장에서의 진행은 일정에 차질 없이 진행되고 있는지, 규모에 맞게 예산 편성은 적절했는지, 과정에서 민원은 발생되었는지에 대해 서류 및 현장 답사를 통한 모니터링입니다. 그러기 위해선 제안자 및 해당 주무부서 담당과의 충분한 소통이 전제입니다. 세 번째는 해당 년도의 활동 평가와 이후 발전 방향에 관한 포럼 또는 토론회 진행을 통해 다음 년도 운영계획에 반영하는 것입니다.

삼성동 시장 입구에 오랜 시간 동안 흉물처럼 방치된 가압장이 있었습니다. 주민참여예산위원들이 의제 발굴을 위해 '동네 한 바퀴'라는 활동을 진행하면서 이 공간을 상인회와 함께하는 주민들의 사랑방으로 몇 년 동안 계속 제안하였습니다. 그러나 주민참여예산 사업은 그해 연도에 일정 규모의 예산만 투여되는 방식임에 한계가 있습니다. 지속적으로 제안한 결과 서울시에서 가압장이 마을활력소로 운영될 수 있도록 전폭적인 지원을 해 주었습니다.

그리고 관악구에는 장애인복지관이 없어 다른 지역으로 이동해야 하는 어려움이 있었습니다. 이에 주민들이 주민참여예산뿐만 아니라 여러 채널을 통해 지속적인 제안을 한 결과 관악구청에서 남부순환로에 관악구장애인종합복지관을 개관하게 되었습니다.

이처럼 주민참여예산으로 채택되지 않더라도 적극적인 주민참여는 다양한 방법으로 주민들의 불편이 해소될 수 있습니다.

마을 주민이 직접 예산편성 과정에 참여해 사업집행을 한다는 것은 직접민주주의 실현의 높은 수준이라고 생각됩니다. 그렇기 때문에 매우 어려운 영역으로 인식되는데요. 직접민주주의 실현이라는 관점에서 주민참여예산제도가 갖는 의의가 궁금합니다. 실제 사업을 하시면서 느끼시는 사업의 의의가 있을 것 같습니다. 말씀 부탁드립니다.

주민참여예산제도는 지방자치단체 주도의 예산 편성권을 주민들에게 부여함으로써 주민들의 다양한 의견 수렴, 사업의 타당성, 우선순위에 대한 의사결정을 통해 투명성, 민주성을 확보할 수 있습니다.

주민참여예산을 통한 사업은 민간 위원뿐만 아니라 공무원과도 민주적인 절차를 통해 여러 과정을 논의, 조정을 거쳐 협의하여 확정하고 의회에 제출합니다. 이는 실질적으로 민주주의 교육과 체험을 현장에서 배우고 체득할 수 있다는 데 의의가 있습니다.

오세훈 서울시장의 마을(주민)자치활동에 대한 공격이 심각한 수준입니다. 'ATM기다', '다단계다' 하면서 지난 10여 년간의 마을(주민)자치활동을 비롯한 공익활동 단체들에 대한 비난이 심각한데요. 오세훈 시장의 비난에 대한 현장분위기는 어떻습니까?

민주주의 실현은 시민참여로 시작됩니다. 지난 10여 년간의 마을자치활동은 시민 스스로 문제를 인식하고 해결하기 위해 뜻을 모으고 논의, 의사 결정을 통해 방안까지 모색하고 책임지는 주민자치 실현의 장이었습니다. 그런데 시장이라는 직위로 한순간에 소중한 가치를 외면하고 민주주의를 퇴

보시키는 행위는 현장에서 묵묵히 활동하고 있는 활동가들
뿐만 아니라 주민들에게도 공분을 사고 있습니다.

서울시의 주인은 시민이며, 시민이 시장이라는 말을 되새
겨야 한다는 분들이 많습니다.

오세훈 시장의 발언만 놓고 보면 10년간 마을(주민)자치활동은 '별
의미 없는 활동'이었다고 들립니다. 박정란 위원장님은 지난 10여
년간 성장해온 서울시의 마을(주민)자치 운동을 어떻게 평가하시
나요?

마을자치활동은 뭔가 특별한 사명이 있는 몇몇 사람들의
활동이 아닙니다. 주민 스스로 문제를 인식하고 공동체적 가
치와 철학을 가지고 참여하여 그 문제를 해결할 때 온전히
마을자치활동이 완성됩니다.

마을공동체 관련 교육에 참여한 한 분은 저와의 인연으로
마을활동을 시작하게 되었습니다. 그리고 마을에서 꼭 필요
한 사업을 직접 제안하고 논의하는 주민참여예산위원회도
적극적으로 함께 하였습니다. 그러면서 자연스럽게 현재 주
민자치회 위원이면서 마을간사로 활동하고 있습니다. 마을
자치활동은 이처럼 한 사람의 성장으로 마을도, 함께 하는 사
람들도 더불어 변화·발전하는 것입니다.

행정에서도 민원 제기하는 주민으로만 인지하지 않고 민
과 함께 하면 신박한, 현장성 있는 사업이 기획될 수 있고, 서
로 책임성 있는 활동을 통해 협력적 민관 거버넌스를 경험하

고 있습니다.

마을자치활동은 민관협력의 중요성을 직접 느끼고 겪으면서 시민이 시민으로서 성장할 수 있는 민주주의 교육과 실천의 장입니다.

마을(주민)자치활동 단체뿐만 아니라 다른 부문의 공익활동 단체들까지 힘을 모아 서울시의 공익활동을 지키기 위한 공동 행동이 벌어지고 있습니다. 위원장님은 서울마을활동가연대 대표로도 활동하고 계십니다. 마을활동을 지키기 위한 향후 계획을 말씀해 주십시오.

민주주의가 퇴보되지 않고 진일보할 수 있도록, 아는 만큼 보인다고 마을자치활동의 중요성을 다양한 채널을 통해 알려내고 행동하려고 합니다.

모든 활동의 핵심, 중심은 사람입니다. 우리는 활동가이고 누구나 활동가가 될 수 있도록 단계별 교육 과정, 지역별 공론의 장, 이슈 관련 포럼 등을 기획하고 있으며 활동을 공유하고 알리는 카드뉴스, 공유 플랫폼 구축 등도 준비 중에 있습니다.

직접민주주의 실현이라는 관점에서 마을(주민)자치활동의 성장은 대단히 중요한데요. 어떤 외부 풍파에도 흔들리지 않고 마을(주민)자치가 지역에서 굳게 뿌리 내리기 위해 필요한 것은 무엇일까요?

지금 우리에게 필요한 것은 시민력 강화라고 생각합니다.

시민의 시민성, 시민권, 공공성, 호혜성을 가지고 신뢰를 기반으로 참여, 숙의, 연대를 통해 사회문제에 영향력을 행사할 수 있는 있는 것이 시민력이라고 합니다. 이 시민력을 강화하여 마을자치활동이라는 나무가 더 넓고, 깊게 뿌리내리도록 해야겠습니다.

마지막으로 하시고 싶은 말씀이 있다면 부탁드립니다.

　지난 몇 달은 엄동설한에 칼바람 몰아치는 겨울이었습니다. 그러나 나희덕 님의 '빨래는 얼면서 마른다'라는 시의 제목처럼 겨울철 빨래는 얼었다 녹았다. 얼었다 녹았다를 반복하면서 서서히 마릅니다. 우리의 마을자치활동이 시민력을 통해 지치지 않고 지속한다면 뿌리 깊은 나무마냥 넓고 깊게 강건한 민주주의라는 꽃을 피우게 될 것입니다.

NPO센터는
공익활동의 연결자, 양성자, 제안자, 촉진자

안병순 서울시 서남권NPO지원센터 센터장을 만나다

서울시 서남권NPO지원센터에서 2021년 3월 1일부터 센터장으로 일하고 있는 안병순입니다. 서남권NPO지원센터는 서울의 서남권역(관악, 동작, 금천, 구로, 영등포, 양천, 강서)에 소재하는 비영리단체(NPO, NonProfit Organization)의 공익활동을 지원하는 서울시 설립 민간위탁기관입니다.

비영리단체의 공익활동에는 시민단체들이 사회문제(환경/지역생태복원/기후위기, 청년/청소년, 장애인, 비정규 및 돌봄노동, 인권, 성평등, 50+, 노인 등)의 해결을 지원하며, 이의 공론화 사업(의제제기, 캠페인, 대중강좌 개최 등) 등을 통하여 정책화의 방안을 돕는 기관입니다.

이 뿐만 아니라, 공익활동가 양성, 공익활동단체의 연결, 공익의제 제안, 공익활동과 의제의 촉진 등을 위하여 힘껏 돕는 활동을 하고 있습니다.

이 땅에 공무원노조가 허용되지 않던 시기인 2001년부터 공무원노조의 전단계인 공무원직장협의회(공직협) 활동을 하였고, 전국의 공직협이 연합하여 2002년 전국공무원노동조합을 결성하게 되는데, 당시도 그렇고 지금도 그렇지만 외국과는 달리 우리나라는 일반법인 「노동조합법」에서 공무원노조를 허용하지 아니하다 보니, 법외노조로 활동을 개시하였습니다.

2004년 공무원노조의 활동을 이유로 공무원 신분에서 해직(사유: 공무원의 '정치자유화 선언', 「공직협법」보다 못한 「공무원노조법」 제정 반대 단체행동 주도 등으로 구속되어 당연 퇴직됨)이 되어 본격적으로 지역의 시민단체의 대표로서 한편은 해직된 상태에서 공무원노조의 간부로서의 길을 걷게 되었습니다. 이 두 길을 함께 걸으며, 노동사회와 시민사회를 통하여 사회의 모순과 부조리에 대하여 더 많은 것을 배우고 알게 되었고, 이의 대안사회를 꿈꾸며 처해진 조건(개인적, 사회적)에서 최선을 다해 일하는 중입니다. 그런데 참으로 어려운 일이 아닐 수 없습니다.

참고로, 「공무원노조법」과 마찬가지로 해직공무원복직법도 오랜 투쟁의 산물로 전자의 법률이 2005년 12월에 제정(2006년 1월 시행)되어 공무원노조가 법제도 안으로 유인되어 일부는 들어가고 일부는 법의 매우 미흡함과 불충분성 때문에 법외로 있었는데, 나중에 법내 진입을 결정한 전국공무원노조는 이명박·박근혜 정권 하에서 설립신고를 하였음에도 정치적 저의를 깔고 수리해 주지 않아 법 밖에서 10년 이상 고통을 당할 수밖에 없었고, 2002년 3월 설립(공무원노조법이 부존재하던 시기)하여 문재인 정부에서 2018년 3월에 설립신고가 수리되었습니다. 후자의 법률은 2021년 4월 제정되면서 저는 공무원 퇴직 연령인 60세를 초과한 관계로 소급하여

주민자치를 밀어주고 끌어주고

2021년 6월 29일 복직하여 30일 퇴직하게 되었습니다.

구로구에서 공무원노조활동도 시작하셨고, 마을활동도 시작하셨습니다. 지금도 구로구에 뿌리내리고 계신데요. 구로구의 시민사회단체 현황과 주민(마을)자치 현황이 궁금합니다.

구로지역은 과거 구로공단(현 서울디지털국가산업단지)이라 불렸던 우리나라 최초의 산업단지가 있는 곳이고, 여기서 노동운동을 하였던 활동가들의 자원과 경험들이 토대가 되어 지역 시민운동으로 계승·발전한 특성을 지니고 있음을 볼 수 있습니다.

그런 연유로, 구로에서 노동운동과 시민운동은 불가분의 관계로 성장하였고, 지금도 상호 교류하면서 영향을 주고받는 측면이 없지 않아 있습니다.

그동안 지역의 시민단체들이 활동영역별로 5개 네트워크(구로지방자치시민연대, 구로교육연대회의, 구로마을공동체네트워크, 구로사회적경제네트워크 등)로 뭉쳐 있다가, 지역 전체를 아우르는 포괄네트워크의 필요성이 제기되어, 2020년 10월경 '구로공익단체협의회'를 결성하고 사단법인 설립에 이르게 됩니다.

제가 비등기이사로 참여하고 있는 이 법인은 지역의 모든 비영리단체들(20여 개)이 모여 있고, 이를 기반으로 작년에는 구로구로부터 '구로구공익활동지원센터'를 수탁하였고, 2021년 3월부터 서울시로부터 '서울시 서남권NPO지원센터'를 수탁하여 운영하고 있습니다.

마을활동을 시작하셨을 때 노조활동 경험이 영향을 끼치지 않았을까 예상되는데요. 노조활동이 마을활동에 준 영향이 있다면 무엇을 꼽을 수 있을까요?

노동조합 활동도 비영리단체이고 공익활동을 하는 단체이며, 지역에서 설립되어 있고, 조합원들도 지역과 어떤 형태로든 관련되어 활동하는 직장인입니다. 저는 이런 점 때문에 구로구직장협의회(이후 공무원노조로 발전) 회장을 할 때부터 지역의 시민단체와 교류하고 연대하려고 나름대로 애를 써왔습니다.

특히 공무원은 업무 자체가 시민(주민, 국민)을 위해 일하는 공공행정이기 때문에 공무원노조 역시 시민사회와 불가분의 관계이고 시민사회와 교류는 필수적입니다. 시민(사회)의 지지 없는 고립된 존재는 집단의 이익만 추구하는 이익집단이고, 이러한 행태는 종국에 시민들의 지탄을 받는 공공의 적이 될 뿐입니다.

따라서 공무원노조는 사회적 공공성과 시민의 권익을 위하여 마을공동체와 교류하고 지역의 시민사회와 교류하고 연대하면서 지역(사회)공동체의 발전을 위하여 함께 손잡고 일해야 한다고 생각합니다.

서울시 서남권NPO지원센터에서 센터장을 맡고 계십니다. 서남권 NPO지원센터는 강서구, 관악구, 구로구, 금천구, 동작구, 양천구, 영등포구를 아우르고 있습니다. NPO센터가 어떤 활동을 하는 곳

주민자치를 밀어주고 끌어주고

인지 궁금합니다.

센터는 작년 3월 문을 열었고, 5월부터 본격 사업(활동)을 시작하였습니다. 주로 하는 일은 이름에서 나타나는 바와 같이 비영리단체의 공익활동을 지원하는 서울시 민간위탁기관입니다.

공익활동이란, 사회문제를 해결하기 위한 의제의 실천 활동인데, 작년에 센터에서 다룬 공익의제는 기후위기, 무장애, 생태복원, 청년, 돌봄서비스, 젠더, 다문화, 느린학습자, 자원순환 등이 있습니다. (의제는 시기에 따라, 지역에 따라, 주체에 따라 달라질 수 있음)

센터는 공익활동의 지원을 위하여 스스로 '연결자, 제안자, 양성자, 촉진자'로 자리매김하며, 시민사회(공익활동가)와 자원연계기관과 전문가그룹과 협력하며 지원에 최선을 다하고 있습니다. 시민단체 또는 시민 누구라도 공익 목적이라면 이 공간을 활용할 수 있으며, 공익놀이터로 활력소로 충전소로 이용하면 좋겠습니다.

NPO지원 활동을 하시면서 많은 사람들과 단체들을 만나셨을 텐데요. 보람찬 기억이 있으시면 소개 부탁드립니다. 더불어 애로사항도 많으셨을 텐데요. NPO 활동이 좀 더 활발하게 이뤄지기 위해 개선되어야 할 점은 무엇이라고 생각하십니까?

보람찬 기억을 둘로 나눌 수 있을 것 같은데, 하나는 공통적인 깃으로, 시민사회가 공익의제를 실천하기 위해 매우 헌신적인 사실에 무척 놀랐습니다. 특히 여성 공익활동가들이 많은데, 마을의 공동체성 회복과 지역의 공익의제 해결에 대가나 보수도 없이 활동하고 있는 점에 감명 받았습니다. 둘째는 특정 사안으로, 센터의 관장지역 7개 구 지역의 시민사회 역사기록사업을 추진하여 지역 시민사회에서 활동하는 현장 연구원(활동가)들의 도움으로 성공적으로 완수한 점은 특별한 기억으로 남을 것 같습니다. 앞으로 이 역사기록을 바탕으로 각 지역의 역사기록은 축적되어 갈 것으로 전망되기에 매우 고무적인 일이 아닐 수 없습니다.

앞서 언급하였지만, 시민사회에서 일하는 공익활동가들 대다수가 아무런 보수가 없거나 있다고 하여도 아주 낮은 보수로 일하고 있는 것은 어느 지역을 막론하고 공통적 현상이었습니다. 이런 점은 익히 알고 있었지만, 관장하는 지역(7곳)의 시민사회단체나 활동가들을 두루두루 만나다 보니 그게 가장 가슴 아픈 현실이었습니다.

이런 점을 개선하기 위해서는 현재 국회에 발의되어 있는 3종의 '시민사회기본법안'이 빨리 처리되어 법 제정이 이루어졌으면 좋겠습니다. 이 법에는 국가와 지자체 차원에서 시민사회위원회 설치와 시민사회 지원을 위한 재단 등을 설치할 수 있는 규정이 있습니다. 시민사회의 안정적인 활동 지원을 위해 유럽처럼 그런 법률이 조속히 제정되기를 희망합니다.

주민(마을)자치 운동에 대한 오세훈 서울시장의 공격이 심각한 수준입니다. 'ATM기다', '다단계다' 하면서 지난 10여 년간의 공익활동 단체들에 대한 비난이 심각한데요. 서울시의 정책변화로 인해 주민(마을)자치 운동이 위축되지는 않을까 걱정스럽습니다. 현장 분위기는 어떠합니까?

오세훈 시장이 과거 10년 전 시장 재임 시에 '무상급식'을 극력 반대하며 주민투표로 찬반을 물었다가 뜻을 이루지 못하자 스스로 사퇴하였는데, 이때 무상급식을 찬성한 시민사회진영에 대한 정치적 보복을 하고 있다는 게 대체적 관측입니다.

오세훈 시장이 시민사회에 기반을 둔(관련된) 20여 개 부문의 민간위탁기관에 대하여 2022년 예산을 대략 45~100% 삭감하는 위법(여러 관련 조례들 위반)을 저질렀는데, 이는 시민들을 배제한 불통예산이자, 오세훈의 독단예산이며, 의회 무시 예산이 아닐 수 없습니다. 이는 명백한 지방재정법(예산편성 참여 등)과 지방자치법(의회와 협의 등)과 관련 조례들의 위반이기에 명백한 위법이고 불법이라고 봅니다.

이의 부당함에 맞서, 시민사회단체는 공동대책위원회(퇴행적인 오세훈 서울시정 정상화를 위한 시민행동, 약칭: 오! 시민행동)를 만들어 적극 대응하고 있습니다. 시청 앞이나 시의회 앞에서는 연일 기자회견과 1인 시위, 단체집회 등이 이뤄지고 있습니다. 지난 해 12월부터는 문화연대에서 주관하는 촛불집회도 열리고 있습니다.

지난 10여 년간 서울시의 주민(마을)자치 운동은 양적으로, 질적으로 엄청난 변화를 겪었습니다. 하지만 오세훈 시장의 발언만 놓고 보면 10년간 주민(마을)자치 운동은 '별 의미 없는 활동'이었다고 들립니다. 안병순 센터장님은 지난 100여 년간 성장해온 서울시의 주민(마을) 자치운동을 어떻게 평가하시나요?

국가의 주인은 시민(국민)이고 시민이 주권자입니다. 모든 시민은 납세자이고 정부와 지자체의 예산편성, 정책의 수립과 집행에 참여할 권리가 있기에, 10년 전부터 서울시는 다양한 형태로 시민사회와 거버넌스를 형성하며 시민사회에 대한 임파워먼트Empowerment를 통해 협력적 관계를 유지해왔습니다. 매우 바람직한 방향이었으며, 이는 세계적인 추세이기도 합니다. 참고로 영국에서는 '시민청'이 설립되어 법과 제도로 시민사회를 지원하고 있음을 알 수 있습니다.

10년 전부터 성장·발전해온 이런 거버넌스십이 일정한 안정단계에 도달하기 전에 준비없이 암초를 만나 좌초되고 있는 형국이라 할 수 있습니다. 자의든 타의이든 이런 계기를 삼아 시민사회도 몇 지점에서 검토가 필요하며 발전적 목표에서 성찰(오세훈 시장이 비난하는 지점을 말하는 것이 아님)이 필요하다고 봅니다.

직접민주주의 실현이라는 관점에서 주민(마을)자치활동의 성장은 대단히 중요한데요. 어떤 외부 풍파에도 흔들리지 않고 주민(마을)자치가 지역에서 굳게 뿌리내리기 위해 필요한 것은 무엇일까요?

지난날의 경험을 통해 세 가지 정도로 짚어볼 수 있는데, 첫째는 시민의 자치의식입니다. 지방권력이 1인에게 집중된 단체장만 선출해놓고 지방자치제를 실시하고 있다고 말하는데, 이는 극히 잘못된 것이며 우리가 원하는 민주주의가 아닐 것입니다. 지방분권(재정, 입법, 행정 등에서)이 매우 미흡한 지방자치제도를 갖고 있기에 시민들이 자치권을 확보하기 위한 시민의 권리의식 등이 더욱 일깨워져야 합니다.

둘째는 시민사회단체를 중심으로 풀뿌리민주주의가 더욱 활발히 일어나야 하고, 지역사회 및 마을공동체 등에서 지자체의 정책에 참여하고 개입하는 등 정치의식이 더 고양되어야 합니다. 이러한 일들은 시민사회단체, 시민들과 함께 다양한 활동 속에서 이뤄져야 할 것입니다.

셋째 새마을단체, 바르게살기협의회, 자유총연맹 등 다양한 직능단체들을 지원·육성하는 법률들이 있듯이 최소한 시민사회를 지원하는 시민사회기본법이 제정되어 시민민주주의를 이뤄나가는 기본적 제도장치가 마련되었으면 좋겠습니다.

마지막으로 안병순 센터장님께서 하고 싶으신 말씀이 있다면 부탁드립니다.

지난날 참여한 노동운동과 시민사회운동을 돌아보면, 자괴감도 들고 고통스럽기도 하였고 끝없이 크고 작은 한계와 부닛지며 설어왔던 것 같습니다. 지금도 연속선상에 있기도 합니다만 후회하지 않으려 노력하고 있습니다. 저를 이렇게 다시 살펴볼 수 있게 해주셔서 감사드립니다.

　우리나라 여러 분야(정치, 사회 등)에서 직접민주주의가 최대한 확장되고, 시민들이 다양한 영역의 공동체 활동 속에서 자치를 통해 민주주의가 더욱 발전하고, 삶의 질이 향상될 수 있기를 바라마지 않습니다.

　직접민주주의뉴스의 발전을 진심으로 기원합니다.

이제는 지역형 활동가가 필요한 때

윤성미 강서시민사회네트워크 '강서동행' 활동가를 만나다

먼저 자기소개를 부탁드리며 주민(마을)자치와 관련해 하시는 일은 무엇입니까.(인터뷰 당시와 변화가 있다면 인터뷰 당시 역할과 지금 하시는 일도 함께 말씀해 주시기 바랍니다.)

안녕하세요? 저는 서울 강서지역에서 활동하고 있는 시민 협력활동가 윤성미입니다. 강서구에서 36년차 살고 있고, 세 아이의 양육자이기도 합니다. 세 명의 아이를 양육하며 아토피, 어린이집 급식, 간접흡연, 놀이터바닥제(유해물질) 등의 당면한 문제 해결을 위해 지역을 기반으로 생활운동, 일상실천 활동을 해왔습니다. 이런 활동들이 계기가 되어 더 나은 지역사회를 상상하며 지역시민사회 네트워크 지원, 협력을 촉진하는 강서지역 연결자(커넥터)로 활동하고 있습니다.

윤성미 활동가님이 마을활동에 발을 딛게 되신 계기가 궁금합니다.

마을활동을 하게 된 계기는 어린 시절 마을에서의 경험이 큽니다. 골목, 따뜻함, 서로 돌봄이 있는 마을에서 살았고, 생활 속에서 함께 살아가는 방식, 공동체를 경험하며 살아 왔어요. 마을에서 살던 때에 마을 어른이 아이들과 함께 수재민돕기 성금모금을 함께 할 수 있도록 지원해 주셨던 기억이 있습니다. 마을에서 함께 살던 한 아주머니로부터 나눠진 나눔의 씨앗이 어린 시절 소중한 경험이 되었고, 청소년시절 TV 프로그램에서 어려운 친구의 이야기에 부모님 허락도 없이 전화기를 들고 한국복지재단을 통해 결연후원을 맺은 적이 있었어요.

그 후 결연 맺은 친구(경남 진주)와 만남을 갖고, 중·고등학교 때 초록우산 어린이재단(전 한국복지재단) 청소년사랑나누미 초대멤버로 활동 했었어요. 지금의 배우자도 자원봉사를 하며 만났죠. 그러다가 조금 이른 나이(24살)에 결혼하게 되었고 첫 아이의 아토피가 너무 심해 병원을 전전했어요. 주변에 아는 사람도 없고, 물어볼 곳도 없고, 그러던 차에 문화센터에서 만난 큰아이 친구 엄마를 통해 생협을 소개받게 됐죠. 단순히 내 아이 건강문제로 가입해서 이용했는데, '마을모임'을 통해 조합원들 간 공동체 모임에 참여하게 되었고 가랑비에 옷 젖 듯 나와 우리 가족 만이 아닌 주변을 보게 되고 이웃이 보이 기 시작했어요. 어린 시절 마을에서의 추억들이 생생하게 떠 오르더라구요. 소속된 소비자 생활협동조합의 교육 & 훈련 (협동조합 7원칙)을 통해 함께 더불어 사는 삶을 꿈꾸며 사회공공 성에도 관심 갖게 되었습니다.

윤성미 활동가님은 강서시민협력플랫폼에서 3년여 간 활동하시고 지금은 강서동행(준)에서 활동하고 계신데요. 강서구의 마을자치 의 변화과정을 오랫동안 지켜 보셨을 것 같습니다. 강서구의 마을 자치 현황에 대해 말씀 부탁드립니다.

지역 기반으로 활동해 오고 있는데요, 사실 마을자치 현황 이라는 질문에 어떻게 대답해야 할지 모르겠더라구요. 포괄 적으로는 지역시민사회 활동도 말씀하시는 '강서구 마을자 치 현황'에 해당될 것 같은데요. 제가 이해하는 정도의 수준에서 말씀드리면 2010년대 서울시 혁신정책사업들이 지역사회에 지원되기 이전에 당면한 문제로 지역사회가 협력하고 연대하는 문화가 있어 왔습니다. 2014년 무렵 마을공동체사업이 시작되었고, 서울시 혁신정책사업들이 분야별로 나눠지다 보니 마을, 자치, 협치가 지역사회에서 따로따로 인식되고 있다는 생각이 들었어요. 오히려 지역 차원으로 연대 모습은 각각의 분야별 사업에 집중되어 지역 연대와 협력의 어려움이 있다는 생각이 들었어요.

강서시민협력플랫폼을 통해 협치에 3년여 간 몸담으셨습니다. 마을자치, 주민자치의 성장이라는 면에서 협치는 어떤 의미가 있을까요?

저는 주로 민민협치 활동을 해 왔고요. 아무리 좋은 정책과 제도를 만들더라도 정책과 제도 밖에서 운동성을 추동하는 시민사회의 힘이 있지 않다면 좋은 정책과 제도는 현장에서 제도를 만든 근본 배경, 목적과는 관계없이 형식화될 수 있습니다. '자치' 역량이 협력과 연대를 통해 강화되어야 민관협치와 주민자치도 가능할 것입니다. 서울시에서 지역 시민성장 지원사업으로 추진된 3년 일몰사업인 '시민협력플랫폼 지원사업'은 시민력 강화, 협력의 구조화, 지속가능한 연대 바로 이것이 가능하게 했던 과정이었다고 생각합니다.

민관 협치가 성공하기 위해 필요한 것은 무엇이라고 생각하십니까?

시민사회 활동을 하면서 행정을 경험하다 보니 참 다른 게 많다는 것을 느낍니다. 시민사회는 과정을, 행정은 성과를 중요시하고, 사용하는 언어, 소통, 일하는 속도와 방식 등등 일을 함께하기에 다름이 존재합니다. 협치는 곧 협동을 의미하는데요. 협치를 일, 사업으로 추진하는 데 한계가 많습니다. '다양한 주체가 함께 더 나은 지역사회를 위해 평등한 구조에서 소통하고 협력하는 과정의 시스템'으로 작동되어야 한다고 생각합니다. 관련해서 떠오르는 키워드는 '투명한 정보 공유, 공익적 가치, 파트너십, 민주적 의사소통, 신뢰, 협동, 관계, 상호 이해, 시스템' 등이 있습니다. 지역사회 문제들이 복잡하고 다양하기에 협치가 더 중요한데요. 한 사람 만의, 한 영역 만의, 한 행정부서 만의 과제가 아니기 때문에 시민사회와 행정, 의회 등 협치 주체의 자원들이 잘 결합하면, 서로의 한계를 넘어서 다양한 사회문제 해결을 함께해 나갈 수 있다고 생각합니다. 현장의 고민과 행정적 인프라, 제도적 변화가 함께하는 시스템이 잘 갖춰진다면 서로 자신의 역량을 잘 내면서 실질적인 지역사회 변화도 함께 만들어지겠죠?

오랫동안 강서구에서 마을활동을 하고 계십니다. 독자들에게 자랑하고 싶은 좋은 경험이나 기억이 있으시면 부탁드립니다.

지역에서 여러 활동을 이어오며 결과보다는 과정 중심의 활동을 하려고 애쓰고 있습니다. 자랑하고 싶은 경험이 여러 가지가 있는데요. 시민협력활동가로 활동하면서 했던 경험을 나누고 싶어요. 지역을 기반으로 활동하다 보니 지역의 다양한 단체와 기관들이 존재하고, 다양한 활동이 지속되고 있음에도 각각의 활동, 정보를 서로 모르고 각자의 활동에 집중하게 되기도 하더라구요. 흩어진 지역의 활동과 의미 있는 정보를 나누는 것이 정말 중요하다는 것을 고민해 왔습니다.

강서지역의 정보 플랫폼 '강서정보편의점'을 운영해 왔습니다. 시민사회 활동 정보와 각각의 사이트의 정보를 매주 '정보편의점'으로 발행해 지역주민들에게도 가닿을 수 있었습니다. 앞에서 언급했듯 더 나은 지역사회를 만들어가기 위해 협치의 주체인 시민의 역할도 참 중요합니다. 시민들이 자신의 고민과 이야기를 나눌 수 있는 자리가 필요하죠. 나와 비슷한 고민을 갖고 있는 사람들과 연결되는 장을 만들고 함께 고민을 나누고 대안을 모색해 보는 자리는 '다양한 지역 주체 들의 이야기 장'으로 2019 협력과 연대의 강서컨퍼런스(협치세션), 2020, 2021 '강서동행 컨퍼런스'를 추진해 왔습니다.

누군가 말을 걸고, 장을 열고, 서로의 이야기를 나누며 지혜를 모아보는 자리는 그냥 자리만 연다고 만들어지지는 않습니다. 누군가의 역할이 필요한데 제가 그 역할을 해 왔습니다. 제가 아니더라도 다양한 지역 주체들의 이야기장을 마련하는 일은 계속될 필요가 있다고 생각합니다. 그게 바로 강서동행이지 않을까 싶고요. 2020년 코로나19의 급속한 확산이라는 어려움 속에서 코로나19 강서지역 연대 활동들이 있었습니다. 지역 내 장애인 보호작업장의 어려운 소식을 접하게 되고 지역사회에 공유되며 '코로나19 착한소비, 응원구매 캠페인'을 공적마스크 공급 부족사태 때 자치구 자원봉사센터에 적극 협력해 강서지역 시민사회활동가(일상적 캠페이너)들과 '착한마스크 캠페인', 코로나19로 바쁜 '공무원, 보건소, 약사 그리고 시민에게 응원현수막'으로 따뜻한 응원메시지를 전하고, '코로나19 대응을 위해 애쓰고 계신 공적 의료진, 청소 · 방역, 비정규직 노동자분들을 위한 코로나19 강서응원꾸러미' 활동을 통해 지역 시민단체, 노동조합, 시민들이 십시일반 자발적 모금 활동과 십시일반 모금 참가자들과 '사람중심 컨베이어벨트-응원꾸러미 공동작업반'을 구성해 지역에서 관계하고 만나온 다양한 자원이 연결되는 경험을, 공동작업반의 협업으로 정성스레 만들어진 꾸러미를 전달했습니다.

그리고 코로나 상황에도 우리 사회의 안전, 인권을 고민하는 지역단체들의 꾸준한 활동에 안전과 인권에 함께 마음을 보태고자 하는 다양한 지역주민들의 참여를 이끌어낸 4.16(세월호) 연대활동 등을 자랑으로 꼽고 싶습니다.

지금은 강서동행에서 활동하고 계신 것으로 알고 있습니다. 강서동행에 대한 소개 부탁드립니다.

올해 출범을 예정하고 있었으나 아직 준비위원회인 상황이구요. 강서시민사회네트워크 강서동행(준)은 다양성, 연대,

지속가능성의 가치를 담아 지역사회 상생과 지속가능한 시
민사회를 만들고, 연대문화를 확산하며, 지역사회 발전을 상
상하고 도모, 실천하는 강서지역 민간네트워크입니다. 강서
지역에서 활동하는 모임(3명 이상), 단체, 기관 등과 함께 하려
고 준비하고 있습니다. 내년 2월 그간의 성과를 나누고 지속
가능성을 함께 나누기 위한 자리를 준비하려고 합니다.

오세훈 서울시장이 서울시 공익활동 단체들에 대해 예산삭감 등 전
면전을 선포했는데요. 아무래도 서울시의 공익활동 단체들에 타격
이 불가피해 보입니다. 오세훈 서울시장의 정책에 대해 어떤 평가
를 내리시는지요? 그리고 강서동행을 비롯한 강서구 공익활동 단
체들은 어떻게 대응해 나갈 계획인가요?

서울시 혁신정책 지원사업들은 정책과 제도에 근거를 둔
사업이었을 것입니다. 그간의 성과와 과제를 서로 돌아보지
못한 과정은 생략한 채 보여준 일방적 예산 삭감의 모습은
민주주의 서울을 외쳐온 '민주주의 가치'를 훼손한 행위라고
생각합니다. 실제 지역에서 마을, 공동체 등의 순수성을 가지
고 활동해온 주민들이 분노하기도 했습니다. 강서지역에서
도 시민사회 폄하 중단, 시민참여정책 정상화를 요구하는 공
동행동을 하기도 했습니다. 이번 일을 계기로 자치구 차원의
연대와 협력의 중요성을 다시금 깨닫게 되었죠. 특별히 대응
방안에 대한 계획은 없으나, 지역 시민사회가 어떻게 연결되
어 왔는지? 과정을 돌아보며 지속가능성에 대한 이야기를 나

뉘볼 계획을 가지고 있습니다.

자생적 주민자치(마을만들기)가 발전해 나가기 위해 시급히 해결되어야 할 일은 무엇이라고 생각하시나요? 그리고 주민자치(마을만들기)의 활성화가 직접민주주의(풀뿌리민주주의)의 대중화에 기여할 수 있는 점은 무엇이라고 생각하시는지 듣고 싶습니다.

식민지와 독재, 산업화 등의 과정을 거치면서 사라진 우리의 주민자치를 다시 복원하기 위해 그동안 제도와 정책으로 양적 성장을 해 온 것에 대해서는 평가할만한 일이라고 생각합니다. 다만 이제는 좀더 질적 성장으로 나아가야 하는 시기가 아닌가 합니다. 그러기 위해서는 지역활동에서 체질적 변화가 일어나야 한다고 생각합니다. 구체적으로 생각해 보면 크게 2~3가지 정도로 정리될 수 있을 듯합니다.

첫째는 지원 방식의 변화가 필요합니다. 사업비 지원보다 사람을 지원하는 방식으로의 전환이 필요합니다. 마을만들기 사업이 사업비로 지원되다 보니 현장에서는 자생적 마을만들기를 추진해 나가는 데 어려움이 존재합니다. 사업비를 지원하면 주어진 기간에 사업계획대로 실행·집행해야 하는 과제가 있기 때문에, 실제 주민들의 필요와 자발성에 기반해 실행하는데 어려움이 존재합니다. 또 사업 이후 평가방식의 변화도 필요합니다. 의회에서 예산집행율, 횟수, 참여자수 등의 성과 중심으로 평가되기 때문에 사업비를 지원하고 성과를 요구하는 방식은 지양해야 합니다. 결국 사업은 자생적 마을만들기의 수단이 되어야 하고, 사업을 실행하는 사람이 어떤 가치와 지향을 가지고 활동하는지가 핵심이지 않을까요?

두 번째로는 주체적인 관계로의 전환이 필요합니다. 일상의 불편을 민원으로 해결하기 이전에 주변을 살펴야겠습니다. 다양한 사회문제는 빈번하게 발생되고 있고, 지역 현장에서는 불편함, 문제 등을 민원으로 해결하려는 모습들이 보이기도 합니다. 때로는 선의의 피해를 경험하는 사람들도 보게 되지요. 개별화되고 파편화되는 사회에서 사고 전환이 필요합니다. 각자의 자리에서 '주체성'을 가져야 나의 일, 우리 일이 되어 함께 살아가는 마을로 확장될 수 있습니다.

마지막으로 윤성미 활동가님께서 하고 싶으신 말씀이 있다면 부탁드립니다.

지난 10월에 있었던 강서동행컨퍼런스를 준비하며 지역의 다양한 분들과 소통해 왔습니다. 다른 지역에 찾아갔다 지역에 계신 분이 연결되기도 했고, 직접 연락드리고 찾아뵀던 분들도 계십니다. 그때 연결된 한 분으로부터 전해진 메시지가 생각납니다. '동행하는 길에 가로등같은 분이다.' 지역에서 살고 있는 주민, 보이지 않는 곳에서 운동성을 추동하고 있는 활동가, 기관과 단체들 간의 보이지 않는 실을 연결하는 연결자 역할을 하며 보람된 일들도 참 많았고 든든한 동료들도 많이 생겼습니다. 참 감사한 일이지요.

주민자치를 밀어주고 끌어주고

저의 지역활동의 시작은 제 삶의 당면한 문제를 해결하기 위한 '당사자' 활동이었습니다. 4번의 질문의 답변처럼 아무리 좋은 정책과 제도를 만들더라도 정책과 제도 밖에서 운동성을 추동하는 시민사회의 힘이 있지 않다면 좋은 정책과 제도는 형식화될 수 있다고 말씀드렸는데요. 지역활동을 해나가고 있는 지금도 역시 지역 곳곳의 현장을 보면 정책과 제도는 이미 만들어져 있지만 현장과 함께 가지 못하고 있는 모습들을 보게 됩니다. 분야별 활동가로 활동해 오다가 강서 지역 시민협력활동가로 3년째 활동해 오고 있지만 지역사회에서 함께 풀어야 할 과제가 제에게는 여전히 많습니다. 각각의 활동은 분주하더라도 지역을 고민하고, 지역 전체를 조망하며 자신이 하고 있는 분야의 활동이 내가 속한 지역사회의 변화를 함께 만들어 갈 수 있도록 정책과 제도, 운동성의 균형을 찾아갈 수 있기를 바래봅니다.

그리고 보이지 않는 곳에서 공적 활동을 위해 각자의 자리에서 애쓰고 계신 주민자치 활동가분들 여러분들이 계시기에 이 사회가 유지되고 있습니다. 우리부터라도 우리와 같은 활동을 하고 있는 활동가들에게 따뜻한 마음, 따뜻한 말 한마디, 응원의 메시지 나눠보는 게 어떨까요? 주민자치 활동가 여러분 감사합니다, 사랑합니다!

우리 사회의 갈등,
마을자치 만이 풀 수 있다

협동조합,
협력이 본질이 아니라 갈등이 본질

오창민 성북구 '성북신나' 협동조합 이사장을 만나다

먼저 자기소개를 부탁드리며 주민자치(마을만들기)와 관련해 하시는 일은 무엇입니까.

안녕하세요. 협동조합 '성북신나'의 이사장을 맡고 있는 오창민입니다. 일을 시작하면서 성북동에 자리 잡고 한 8년 정도 살았는데. 작년부터 올해 여름까지 약 1년 정도 성북동 주민자치위원으로 활동하기도 했습니다.

'성북신나'는 청년들이 합심해서 만든 협동조합이라고 알고 있습니다. 협동조합을 설립해 마을자치활동에 뛰어들게 된 계기가 궁금합니다.

협동조합 성북신나는 지역재생과 청년의 일자리 생태계를 만들기 위해 2014년 설립한 협동조합이자 마을기업입니다. 자치보다는 영리적인 성격이 더 강하지만, 성북구 정릉동 일대를 지역 기반으로 전통시장 활성화, 예술마을 만들기, 정릉동 마을잡지 발간, 마을공동체와 주민참여 관련 교육을 진행했고 2018년부터는 주민참여예산으로 만들어진 청년공간 무중력지대를 위탁해서 운영하고 있기도 합니다. 저희가 창업했던 2014년에는 마을공동체나 사회적경제와 관련된 창업들이 활발했고, 성북신나도 그 흐름을 타고 만들어진 단체 중에 하나가 아닐까 생각합니다. 마을 안에서도 일거리들이 있지 않을까 생각해서 협동조합을 설립하게 되었습니다.

주로 활동하고 계신 곳이 성북구 정릉입니다. 이 지역의 특성에 대해 설명해 주시겠습니까?

지명의 유래이기도 한 유네스코 세계문화유산으로 등재된 정릉으로 알려진 동네지만, 정릉동에 현재를 살아가는 사람의 입장에서 정릉동을 정의하는 두 가지 키워드라면 역시 베드타운과 재개발인 것 같습니다. 지난 몇 십 년에 걸쳐 재개발 붐이 일어 아파트들이 엄청나게 들어선 지역이기도 하고, 중심 상권이 형성되어 있지 않고, 광화문이나 강남같은 중심 업무지구로 출퇴근하는 분들이 많이 사는 베드타운입니다. 국민대학교와 서경대학교가 있고, 아파트를 중심으로 한 신혼부부들이 많이 거주해서 젊은 세대가 많은 동네이기도 하고, 오래된 단독주택들도 많아서 공동체가 살아있는 동네이기도 합니다.

'성북신나'는 청년들의 지속가능한 삶의 생태계와 선순환되는 마을 공동체를 만들고 세대와 계층이 공존하는 사회를 만들자는 목표로 설립된 것으로 알고 있는데요. '성북신나'의 목표와 주된 활동이 궁금합니다.

성북신나의 목표는 주민들을 위한 공유자산들을 잘 만들고 운영하는 것입니다. 이 공유자산(커먼즈)에는 물리적인 공간이나 상품같은 것들도 있고 문화나 공동체같은 무형의 것들도 있습니다. 2018년부터 위탁 운영 중인 무중력지대 성북 이외에도 자체적으로 정릉동의 오래된 공간들을 리모델링해서 주민들을 위한 공유공간으로 조성하고 정릉동을 기반으로 한 지역굿즈를 만드는 '신나는 동네 정릉' 프로젝트를 진행하고 있습니다. 현재 공유부엌, 홈시어터, 동아리방, 라운지 같은 공간들이 조성되어 주민들을 위한 편의시설로 제공되고 있고 와인잔, 칠링백, 트럼프카드같은 동네 굿즈를 만들어 재미를 선사하고 있습니다. 성북신나는 이런 사업과 활동들을 통해 아 우리 동네에도 이런 재미있는 일이 일어나고 있구나, 사람들을 만나고 소통할 수 있는 공간과 프로그램들이 있구나란 생각을 통해 지역에 대한 관심과 애정 더 나아가 참여를 만들어 내는 것이 활동 목표입니다.

많은 마을 단체들이 사회적협동조합을 고민하고 있습니다. 하지만 만만치 않은 영역이라고 생각됩니다. 특색있게도 '성북신나'는 청년들이 주축이 되어 설립, 운영되는 협동조합입니다. 운영에서 청년다움이 묻어 있지 않을까 싶은데요. '성북신나'는 협동조합 건립과정과 운영방식이 궁금합니다.

협동조합 성북신나는 2013년 성북지역에서 함께 활동하던 청년활동가들이 모여 만든 협동조합입니다. 성북문화재단과 성북은 대학에서 활동했던 청년들과 그들을 돕기 위해 함께한 지역의 시니어들이 모여서 협동조합을 설립했습니다. 법인의 형태를 협동조합으로 하게 된 이유는 당시에 협동조합 기본법이 만들어지면서 한창 설립에 탄력을 받던 시기였고, 누군가 한 사람이 대표하는 것이 아니라 조합원 모두가 주인이고 함께 운영한다는 점이 마음에 들었습니다.

하지만 막상 협동조합을 설립하고 운영하는 과정이 순탄치만은 않았습니다. 아무래도 주식회사같은 일반 법인에 비해서는 의사결정도 느리고, 행정 절차나 은행 업무같은 공적인 업무를 보는 것도 훨씬 복잡했습니다. 정기적으로 조합원 총회나 모임을 열어야 되는 것도 꼭 필요한 일이지만 업무적으로는 버거웠던 것이 사실입니다. 하지만 동시에 함께하는 조합원들이 모두 책임과 역할을 나눠서 짊어지는 구조였기 때문에 지금까지 올 수 있었던 것 같습니다. 그냥 한두 사람이 좀 해보고 안 되면 문을 닫아야지 하는 것이 아니라 모두가 참여하고 모두가 결정하는 구조였기 때문에 집단지성을 모을 수 있었고, 성북과 서울 안에서 다양한 네트워크를 만들 수 있었습니다. 조합원은 상근을 해서 업무를 보는 상근조합원과 유관기관 종사자, 프리랜서, 지역주민, 학생 등으로 구성된 생산자 조합원으로 구성되어 있습니다.

2014년 설립 이후 많은 일을 하셨을 텐데요. 자랑하고 싶은 사업이 있으시다면 소개 부탁드립니다.

아무래도 '무중력지대 성북'이라는 사업이 가장 대표적인 사업일 텐데요, 이 사업은 주민참여 예산을 통해 만들어졌습니다. 성북지역에도 청년들을 위한 거점공간이 필요하다는 주민들의 의견이 모아졌고, 주민참여 예산까지 만들어졌지만 마땅한 부지를 찾지 못해 몇 해 동안 사업이 보류되어 있었습니다. 하지만 지역의 여러 단위 들이 다양한 대체부지들을 직접 발로 찾아다니고, 포럼과 토론회를 개최하고, 지자체를 설득하는 과정을 통해 마침내 조성되었습니다.

힘들게 만들어진 공간이니만큼 주민들을 위한 공유지를 만들기 위해 다양한 사업과 프로그램들을 진행해 왔습니다. 2,000명이 넘는 멤버십을 만들고, 커뮤니티 프로그램, 프로젝트 지원, 역량강화 교육, 상담프로그램, 공간대관 등 비단 청년뿐만 아니라 지역주민들이 편하게 이용하고, 관계 맺고, 성장할 수 있는 공간으로 만들기 위해 구성원들이 많이 애썼습니다. 다만 무중력지대라는 사업 자체가 내년으로 일몰이 되면서 더 이상 운영을 하기 어려워졌지만, 무중력지대 이후에도 주민들을 위한 공간으로 계속 운영될 수 있도록 대안들을 고민하고 있습니다.

'성북신나'의 사업은 마을재생과 깊은 연관이 있어 보입니다. 그러다 보니 관의 마을재생사업 방향에도 관심이 있으실 것 같습니다. 마을재생을 성공적으로 이루기 위해 관에게 바라는 바가 있으신지 궁금합니다.

마을재생이란 사업 자체가 참 어렵습니다. 너무나 다양하고 복잡한 이해관계들이 얽혀있고, 그 이해관계들을 모두 조율하기엔 주어진 시간과 예산은 너무나 부족합니다. 솔직히 말하면 아직도 마을재생사업의 실체가 무엇인지 모르겠습니다. 그러다 보니 무엇이 성공인지, 어떻게 평가해야 하는지도 모호합니다. 내몰림이나 시내상승, 커뮤니티와 역사의 해제라는 문제가 있지만 물리적인 환경 개선이라는 명확한 성과가 있는 재개발·재건축과 비교했을 때, 그 대안으로 나온 도시재생이 과연 어떤 변화나 성과를 목표하는 건지 정책의 설계 과정에 대한 아쉬움이 많습니다.

오창민 이사장님은 정릉에서 협동조합 활동을 하시고, 주거지인 성북동에서는 주민자치회 위원으로도 활동하고 계십니다. 주민자치위원을 하시게 된 계기가 있을까요?

제가 세입자로 성북동에 한 8년 정도 살았습니다. 동네에 살다 보니 오며 가며 알게 된 동네 분들이 많아졌습니다. 그 중에 주민자치회 간사 역할을 맡고 계신 분이 계셨는데, 주민자치회 안에서도 세대적인 다양성이 있으면 좋겠다고 하셔서 30대 주민자치회위원으로 추천이 되었고, 추첨을 통해 활동하게 되었습니다. 다만 제가 주민자치위원이 되었을 때 코로나로 인한 사회적 거리두기가 한창 심화되어서 제대로 활동을 하진 못했습니다.

오프라인에서 회의를 할 수 없으니 줌이나 카톡을 통해서 회의를 해야 했는데, 그러다 보니 관심도나 참여도가 많이 떨어졌던 것도 사실입니다. 주민자치회 활동을 통해서 알게 된 건 생각보다 자치위원으로서 해야 할 일이 많구나, 또 결정해야 하는 사안들이 많구나 하는 것이었습니다. 단순히 이름만 올리는 명예직이 아니라 동네를 위해 시간과 에너지를 쏟아야 되는 일이란 걸 알게 되었습니다.

자생적 주민자치(마을만들기)가 발전해 나가기 위해 시급히 해결되어야 할 일은 무엇이라고 생각하시나요? 그리고 주민자치(마을만들기)의 활성화가 직접민주주의(풀뿌리민주주의)의 대중화에 기여할 수 있는 점은 무엇이라고 생각하시는지 듣고 싶습니다.

주민자치란 사실 부르주아와 자가 보유자들의 여가 생활이 아니냐라는 냉소가 있습니다. 아예 틀린 말은 아닌 게 실제 주민자치에 참여하시는 분들의 계층을 보면 당장의 생계 걱정이 없는 중장년세대들이 많습니다. 사실 주민이라 했을 때는 청소년도 있고, 청년도 있고, 장애인이나 성소수자도 있습니다. 현재의 주민자치에는 보이지 않는 문턱 같은 것이 존재하고, 이런 문턱들을 해소할 수 있는 여러 가지 장치가 만들어지지 않는다면 그저 신선놀음에 그칠 수밖에 없다고 생각합니다.

또한 동 단위 사업예산을 편성하고 집행하는 과정에서 주민자치가 참여할 수 있는 범위가 더 넓어져야 한다고 생각합니다. 대의제 민주주의를 통해 권한이 위임된 지방자치 의원이나 장은 선거를 통한 견제를 받지만, 시험을 통해 임명된 관료제 공무원에게 견제 받지 않는 너무 많은 정보와 권한이 집중되는 구조도 개선되어야 한다고 생각합니다.

마지막으로 오창민 이사장님께서 하고 싶으신 말씀이 있다면 부탁드립니다.

주민참여 그리고 주민자치라는 것은 특정한 개인이나 정

당이 그 성과나 권한을 독점할 수 없습니다. 그 시작은 작은 실개천이었지만, 이제는 마치 한강처럼 거스를 수 없이 고고하게 흐르는 강물이 되었다고 생각합니다. 또 언젠가는 바다가 되어 더 깊고 넓은 생태계를 이룰 수 있다고 생각합니다. 저도 한 마리의 꼴뚜기라도 좋으니 작은 힘을 보태고 싶습니다. 주민자치를 위해 힘쓰는 모든 분들에게 감사의 말씀 전합니다.

불안한 청년의 삶 바꾸는 데
지역사회가 큰 역할할 것

이상현 중랑구 중랑마을넷 기획팀장을 만나다

먼저 자기소개를 부탁드리며 주민(마을)자치와 관련해 하시는 일은 무엇입니까?(인터뷰 당시와 변화가 있다면 인터뷰 당시 역할과 지금 하시는 일도 함께 말씀해 주시기 바랍니다.)

저는 사단법인 중랑마을넷에서 기획팀장을 맡고 있습니다. 지역의 다양한 단체들이 '시민사회 활성화', '지역공론장 운영', '활동가 발굴·양성' 등 자치적으로 지역문제를 해결할 수 있는 기반을 조성하기 위해 협력관계를 맺고, 다양한 마을 사업 기획들을 해 나가고 있습니다. 특히 작년부터 '기후위기 중랑행동'을 통해 기후위기 문제에 대한 지역주민들의 목소리를 모으고 학습, 캠페인, 정책제안 등을 하고 있습니다. 지역 청년들의 자치기반 형성을 위해 노력했고, 지역활동을 바탕으로 한 지역의 정치활동을 하고 있기도 합니다.

마을에 젊은 활동가가 많지 않은 것이 사실입니다. 이상현 팀장님께서 마을활동에 관심을 갖고 함께 하시게 된 계기는 무엇인지요?

중랑구는 동북여성환경연대 초록상상을 중심으로 풀뿌리 여성주의가 자리잡은 지역입니다. 마을활동 전반에서 성차별과 일상의 잘못된 관행을 짚어가며 더 평등하고 좋은 문화를 조성하려는 실천이 일어나고 있습니다. 제가 중랑구로 이사를 왔을 때, 중랑구청 사거리에 초록상상에서 개최한 여성주의 강좌 현수막이 걸려 있었습니다. 그걸 보고 이 동네에 저의 '동료들'이 있을 것이라 직감했습니다. 머지않아 마을에는 '모든 존재'가 있으며, 함께 안심하고 살아갈 수 있어야 한다는 취지의 '중랑구 여성안심행복마을' 사업으로 '성소수자 부모모임'을 초빙한 간담회를 접했습니다. 논바이너리(당시에는 젠더퀴어로 정체화) 성소수자 당사자로서 큰 감명을 받았습니다.

이외에도 2017년에 제가 총괄책임을 맡았던 아시아 국제교류행사 지원 건을 중랑마을회의에서 논의해 '청년들이 마을에서 뜻 깊은 일을 한다니 도와주자.'라고 결정하고, 개최에 필요한 장소와 후원 등을 모아 주었던 인연이 있기도 합니다. 그때 행사비를 벌기 위해서 티셔츠, 배지, 엽서 등 굿즈를 만들어 팔았는데 중랑의 마을활동가들이 지금까지도 그 티셔츠를 잘 입고 있는 걸 보면 마음이 간질간질합니다. 무언가 하려는 사람들에게 선뜻 마을을 열고 지지하는 환대의 문화가 있다고 느꼈습니다. 중랑에서 살고 일하던 청년 마을활동가 친구들이 기획한 행사들을 통해서도 지역의 사람들과 만나 관계를 맺을 수 있었어요. 청년 독서모임, 희곡살롱, 중랑구청의 부당한 공모사업 관행에 대한 공동대응까지 여러 방면에서 스며든 것 같습니다.

지역에서 가장 먼저 활동을 시작한 단체는 중랑민중의 집 '사람과 공감'이었는데요, 앞서 말한 국제교류행사를 적극 함께해 준 단체였기 때문입니다. 단체 활동을 계기로 이후, '중랑희망연대' 활동을 제안받고 사무국장으로 일하면서 2018년 지방선거에 대응한 지역의 각 의제별 정책제안활동을 진행하고 중랑정치학교를 열었습니다. 이때 청년정책을 제안

하면서 중랑청년기본조례 청원운동을 동네 청년들과 함께
했고, 청년네트워크 결성으로 이어졌습니다. 마을활동을 통
해 중랑 지역은 제가 그저 '살고 있던' 곳에서 '활동하고 일까
지 하는 곳'으로 새로운 의미가 생겼습니다.

중랑구의 마을운동 현황이 궁금합니다.

중랑구 1호 시민단체는 중랑장애인통합부모회인 것 같습
니다. 2000년대 중반 장애인권운동단체가 지역에 자리 잡았
고, 이어 풀뿌리 여성환경운동단체, 생협 등이 들어서면서 마
을생태계가 형성되기 시작했습니다. 그러던 중, 2010년 무상
급식에 반대하는 서울시에 맞서 무상급식을 요구하는 시민
운동이 만들어지면서 중랑구 '시민사회'가 형성되기 시작합
니다. 중랑희망연대를 중심으로 이후 마을포럼, 활동 인큐베
이팅 등을 통해 마을의 단체들이 연결되고, 이는 '중랑마을
넷'의 조직으로 이어집니다. 현재 중랑마을넷은 '자치구 포괄
네트워크'로 불리며 시민단체, 마을공동체 조직에서부터 각
교육, 건강, 환경 등 의제별 네트워크까지 다양한 영역이 망
라된 네트워크입니다. 마을단체들이 중랑마을넷의 이사진,
운영위원회, 사무국을 함께 꾸려 공동의 기획들을 합니다.
2019년부터 2021년까지는 지역사회 민·민협력기반 조성사
업을 통해 마을컨퍼런스, 시민활동가 아카데미, 활동가 배움
터, 독서 프로그램 등을 진행했고, 그 외에도 돌봄사업 등 코
로나19 돌봄공백을 메꾸기 위한 활동이 있었습니다. 구청과

의 협력사업, 협치공론장, 중랑구 NPO지원센터와의 협업을
통해서도 여러 마을 일들을 진행합니다.

중랑구에는 건강, 환경, 복지 영역 등 특징적으로 '강한' 의
제가 있는 한편, 사회적경제 등 사회적경제 등 대안 경제조직
의 네트워크가 아직 활성화되지 않았고, 경제적 불평등을 시
정하기 위한 운동 등도 지역에서 활발하지는 않은 듯하여, 어
떻게 협동적 대안경제 체계를 만들어낼 수 있을지도 지역의
과제라는 생각이 듭니다.

한편, 지역의 모든 단체가 제가 활동하는 '중랑마을넷'에 들
어와 있는 것은 아니고, 여러 다양한 단체들이 활동하고 있습
니다. 더 많은 단체, 주민들과 접점을 만들고 소통하면서도,

사례 연구 지역 - 중랑마을넷

선정사례	중랑마을넷
주체	▸ 교육, 환경, 장애인, 여성 등 다양한 의제를 중심으로 한 지역단체 활동 활발 ▸ 2012년을 기점으로 마을공동체 정책과 함께 새로운 주민모임 및 주민 활동가 등장
활동	▸ 문화, 교육, 건강, 장애인, 돌봄, 생활정치 등 다양한 의제 및 생활문화 공동체 활동 활발 ▸ 구청모니터링 및 지역 현안에 대한 연대 활동 ▸ 성 평등, 주민 리더, 인문학 등 마을 교육 진행
네트워크	▸ 2012년 이후 시민단체와 주민조직의 연계 협력으로 이루어진 자치구 마을넷 추종 ▸ 마을학교/생활정치/공동주택/문화/사회적경제/건강/청년부관 네트워크 조직 ▸ 중랑 권역 모임 진행, 자치구 마을넷 회의 정례화 ▸ 단체 등록/자치구 마을생태계 조성 지원
기타	▸ 찾아가는 동주민센터 추진지원단 활동 및 마을계획 사업 지역 (2010·2019년)

지역활동을 통해 축적된 마을운동의 '지향점'을 어떻게 지키고 발전시킬 수 있을지는 많은 이들의 고민점일 것입니다.

코로나 시국에서 마을활동이 쉽지 않으실 텐데요. 힘든 와중에도 얼마 전 '돌아온 싱글벙글쇼'를 유튜브생중계로 진행하셨더라구요. 반응이 뜨거웠을 것 같습니다. 뿐만 아니라 2020년에는 중랑마을컨퍼런스를 성대하게 개최하셨는데요. 마을활동을 하시면서 기억에 남는 일이나 만남이 있다면 말씀 부탁드립니다.

'돌아온 싱글벙글쇼'에서는 다양한 사연이 나왔습니다. 코로나로 인해 실직을 했지만 취미생활로 여유를 찾은 이야기,

2018년 중랑마을넷 네트워크 공동체

분류	공동체 현황
시민단체 및 주민모임	초록상상, 동부교육시민모임, 원공아빠모임, 전국장애인부모연대, 중랑지회(중랑통합부모회), 감성마을 협동조합, 생각나무bb센터, 아름다운가게 망우점, 1318상상발전소, 마을과 아이들, 마을미디어뺀, 이야기가 있는 사람들, 민중의 집 사람과 공감, 함께 크는 배꼽친구, 행복한 청소년, 해바라기, 사교육 걱정없는 세상 중랑등대, 식생활교육중랑, 중랑보육반장, 마음있는 소통놀이, 중랑건강네트워크, 청년네트워크 청랑, 중랑행복교육, 희망유스나래, 빈스로드, 중랑희망연대, 감자별
생협	서울 한살림 중랑지구, 울림두레생협, 중랑배꽃 아이쿱생협
도서관	책울터 작은도서관, 도담도담 작은도서관, 나무그늘 작은도서관, 송곡여고 열린도서관, 은혜의 숲 작은도서관, 꿈꾸는 작은도서관
공공시설 및 복지관	녹색병원, 원광장애인종합복지관, 유린원광종합사회복지관, 면목종합사회복지관, 시립대종합사회복지관, 서울시립망우청소년수련관, 서울시립청소년성문화센터, 서울시립중랑청소년수련관, 중랑노인종합사회복지관, 신내종합사회복지관
중간 지원조직	중랑구마을공동체지원센터, 중랑교육복지센터, 중랑찾동추진지원단
개인	마을공동체 활동을 하거나 관심자들로서 개인으로 가입되어 있는 개인 회원 다수

우리 사회의 갈등, 마을자치만이 풀 수 있다

백신을 맞아 힘든 중에서도 책임감으로 일을 하는 에어컨 설치기사님과의 애환이 담긴 이야기, 기후위기를 걱정해 무더운 폭염을 에어컨 없이 나고 대신 태양광 패널을 설치한 이야기 등등 여러 사연들을 만나 볼 수 있었습니다. 어려운 시국 속에서 각자의 상황을 견디고 돌파하는 사연을 전해 듣고 서로 염려하고 응원하는 마음을 나눌 수 있어서 뜻깊은 시간이었습니다.

기억에 깊게 남는 일은 2019년 여름 '중랑마을네트워크데이'를 통해 중랑청년 활동비를 후원한 일입니다. 마을활동가 샘들이 각자 먹거리를 십시일반 준비해 뷔페식으로 나누어 먹고, 자율후원을 통해 230여 만 원의 후원금을 모아 주셨습니다. 근숙표 웨지감자, 정은·병란표 떡볶이, 면표 비건 초밥, 창영표 칵테일 등 맛도 좋고 정도 깊었던 그때가 지금도 생각납니다. 밤늦게까지 즐겁게 대화를 나누었습니다. 중랑구청과 중랑청년네트워크 청랑이 함께, 지역의 혼밥 먹는 청년들과 함께 음식을 만들어 나누어 먹는 '함밥데이'를 진행한 것도 기억에 남습니다. 동네 청년활동가의 레시피로 중랑구청장과 함께 <아메리칸 셰프>에 나오는 '쿠바 샌드위치'를 만들어 먹기도 했고, 주로 같이 밥 먹은 일이 기억에 남습니다.

보람 못지않게 어려움도 많으실 텐데요. 가장 어려운 점은 무엇인가요?

많은 분들이 공감하지 않을까 싶은데, 동시다발적으로 일어나고 대응할 일이 많다는 것입니다. 마을활동이라는 게 정해진 일만을 하는 게 아니라 그때그때 생기는 일이 많은 듯합니다. 그리고 일터와 생활터, 일과 개인 관계의 관계망이 겹치다 보니 활동과 개인생활을 분리하기도 힘들 때가 있습니다.

또 하나, 활동의 방향성에 대해 깊은 고민이 드는 부분이 있습니다. 마을활동에는 행정과 협력적인 관계를 형성하다 보니 정치·행정 권력에 대한 시민사회의 감시와 대항력이 축소된 것 아닌가 하는 우려와 비판이 있습니다. '협력적 거버넌스 구축'의 이면에 대해서는 지역사회가 함께 깊이 고민할 일이라는 생각이 듭니다. 행정을 '투쟁'의 상대로만 놓지 않더라도, 협력 한편에 권력의 작동 속성에 대해서는 감시를 놓지 않는 것이 중요하다고 생각합니다.

정치권력이나 행정에 대한 '불만'이 조직되는 것을 넘어서 그 불만을 해결할 수 있는 방법과 대안들을 찾아나가는 것이 활동가의 과제라고 생각하고 있습니다.

이상현 팀장님은 '중랑청년네트워크'에서도 활동하고 계신 것으로 알고 있습니다. 아무래도 팀장님이 청년이시다 보니 사회 속에서, 마을 속에서 청년의 삶에 대해 더 깊은 관심이 가실 것 같습니다. 중랑청년네트워크가 하는 일은 무엇이며 마을이 청년과 소통하기 위해 해야 할 일은 무엇일까요?

중랑청년네트워크는 현재 지역의 각 분야에서 활동하는

우리 사회의 갈등, 마을자치만이 풀 수 있다

청년들의 느슨한 연대체로 남아 있습니다. 지역청년 커뮤니티 활동, 친목모임, 중랑구청과의 협력사업 등 단체 차원에서 많은 일을 했던 초기의 역할이 약해졌고, 연대·협의체로 남아 있습니다. 지금은 청랑에서 함께 활동하던 친구들 중 일부가 뜻을 모아 <청년뿌리사회적협동조합>을 창립해 중랑구의 청년정책사업을 진행하고 있는데, 지역청년들의 생활과 활동을 보장하기 위한 인프라를 구축하는 중입니다.

저는 작년에 중랑구 민·민협력기반조성사업 청년 의제네트워크 활동을 통해 지역의 청년의제들을 논의하는 공론장을 열었습니다. 역세권청년주택, 성평등 미용실, 사회적고립청년지원, 플랫폼노동 등 지역의 청년들의 다양한 의제들을 공론화하고 지역에서 함께 해법을 찾아나가는 자리를 만든 것입니다. 점차적으로 청년들의 지역에서의 삶을 증진시키기 위해 각자의 방식으로 활동을 풀어 나가고 있습니다.

'청년'은 결코 단일하지 않음을 염두에 두는 것도 중요하지만, 각자의 차이에도 불구하고, 청년들이 공동으로 겪는 문제 또한 주목해야 한다고 생각합니다. 점차 복잡해지는 사회에서 여러 가지 변화에 대한 적응력이 필요해지고, 고도의 경쟁사회에서 고군분투해야 하죠. 노동유연화 사회에서 끝없는 자기혁신을 요구받기도 합니다.

제가 청년활동을 하면서 드는 생각이 있습니다. 마을엔 다양한 연령대의 주민들이 살고 있는데도, 우리가 무심코 '마을'을 '어떤 연령대'로 전제하는가 짚어볼 필요가 있는 것 같습니다. 얼마 전 동북권 NPO지원센터에서 열린 포럼에서 한신대학교 민주사회정책연구원 이재경 연구원이 <서울시 동북권 지역시민사회 10년 평가와 전망찾기>라는 제목으로 발표를 했는데, 그 중 '청년을 커먼즈화 하지 말고 청년에게 커머닝을 허하라'라는 내용이 있었습니다. 매우 인상 깊은 내용이었습니다. 그런데 또 한편, 이 문장을 가만히 짚어보면, 청년들이 아직도 마을의 동등한 주체로 인정되고 있지 않다는 점을 알 수 있습니다. 이미 '커머닝'을 하고 있는 청년 주체들이 있지만, 마을에서 주변화되어 있는 현실을 말해 주는 것이라고 생각합니다. 비청년들이 청년들을 환대하고 자리를 마련해 주는 것도 물론 중요하지만, 이미 자신의 활동영역을 갖춘 청년들을 대등한 존재로 지역에서 존중하고 인정하는 것도 중요한 일이라는 생각이 듭니다.

몇 년 전부터 중랑구는 '중랑구기후위기비상행동'을 만들어 기후위기 극복을 위한 공동행동을 펼쳐 나가시는데요. 코로나19로 인해 기후위기 문제가 더욱 큰 문제로 대두되고 있습니다. 실제 지역에서 기후위기 대응을 해 나가시면서 주민들의 기후위기에 대한 인식 정도를 체감하실 때가 많은 것 같습니다. 기후위기 대응에서 지역이 해야 할 일은 무엇이라고 생각하십니까?

아직 많은 노력이 필요한 단계입니다. 지역에서 기후 관련 활동을 하는 단체들이 코어가 되어, 협의구조를 이루고 활동을 이끌어나가면 좋겠다는 생각이 듭니다. 다들 너무 바쁜 와

우리 사회의 갈등, 마을자치만이 풀 수 있다

중이지만, 기후위기 대응을 위한 활동가를 발굴·양성하고 교육하는 것은 우리 사회의 시급한 과제가 아닐까 싶습니다. 경제성장을 최우선시하면서 코로나와 같은 위기를 만들어낸 상황에 대한 근본적인 성찰을 마을에서 함께 하고, 지속가능한 지역사회를 위한 기초 토대를 세우는 데, 기후위기 문제에 대한 관심은 매우 필수적이라고 생각합니다.

곧 중앙정부·국회에서 제정된 「탄소중립 녹색성장 기본법」에 따라 서울시 광역, 기초 자치구 차원에서도 조례안이 내려오고 관련 정책이 펼쳐지게 될 텐데, 법안 자체도 문제점이 많이 지적되고 있어서, 서울광역·자치구 차원에서 각 지역 기후행동과 주민 주도로 법안을 비판·보완하면서 기후정의 관점에 기반한 조례를 만들어내고 탄소중립과 정의로운 전환을 실현하기 위한 정책들을 제안하고 관철시켜 내는 것이 주요 과제일 것 같습니다. 선거 국면도 있으니 공부도하고, 캠페인과 지역주민 서명운동도 하고, 지역구 정치인들도 만나고 바쁜 내년을 보내게 되지 않을까 싶습니다.

팀장님의 활동 범위를 보니 자치, 청년, 기후위기 등 요즘 우리 사회가 풀어야 할 핵심 과제들과 밀접한 생활을 하고 계십니다. 팀장님은 서울녹색당 공동운영위원장도 맡고 계십니다. 그러다 보니 마을과 사회를 통합적으로 바라보실 것 같습니다. 현 사회가 풀어야 할 핵심과제를 마을에서 어떻게 받아 안아야 할까요?

현 사회의 근본적인 문제는 시민 주권자들을 상품과 성지의 소비자로서 위치시키며, 지역 풀뿌리 삶을 소외시키고 결정권을 박탈하고 있다는 것입니다. 관료제 행정이 시민들을 '민원인'으로 취급하는 것도 그 한 현상으로 볼 수 있습니다. 기후위기 대응 또한 풀뿌리 시민들의 삶에서 출발하는 것이 아니라, 산업계와 경제기술적인 해법이 지배적으로 논의됩니다. 기후위기 문제를 '녹색성장'으로 풀어가려는 중앙정부, 저발전에 대한 박탈감을 '토건 건설'로 돌파하려는 지방정부를 보면, 경제성장과 산업 중심적인 관점이 보입니다. 우리는 이를 넘어서서 보다 살피고 확충해야 할 우리 일상의 삶을 보장하는 것을 기후위기 해법으로서 더 말해야 한다고 생각합니다. 지역의 관계망을 잇는 활동, 돌봄 일자리, 생태환경 보존 등 지역의 공공성을 확충하고 삶을 풍요롭게 하는 의제들을, 무엇보다 우리 동네의 '정의로운 전환' 플랜에 포함시키는 것이 필요하다는 생각이 듭니다. 관성적으로 살아왔던 것을 성찰하고, 이웃의 삶의 다양성에 귀기울이는 대화의 장을 만드는 것과 같은 아주 기본적인 것부터 시작해 국가의 정책, 서울시의 문제들을 통합적으로 연결해서 풀어갈 수 있다고 생각합니다.

주민(마을)자치 운동은 지난 10여 년간 많은 변화와 성장이 있었습니다. 앞으로는 더 큰 변화가 예상되는데요. 주민(마을)자치가 지역에서 더 굳게 뿌리 내기기 위해 필요한 일은 무엇일까요?

우선, 법제도적인 보장이 필요합니다. 시민사회3법(시민사회

발전기본법 · 민주시민교육지원법 · 기부금품법) 제개정을 통해 시민사회를 강화하기 위한 기반을 다질 필요가 있습니다. 그리고 주민자치회법 또한 주민자치회 강화에 필요한 영역입니다.

제도를 마련하는 한편, 지역운동이 거버넌스 활동에 치중되어 독자적인 힘을 상실하지 않도록 꾸준히 풀뿌리운동(자율적 영역)을 강화하기 위한 노력이 필요하다고 생각합니다. 그러기 위해서는 지역의 삶 전반의 변화가 필요하고, 일자리, 소득, 돌봄 등 정책과 공공영역의 보장이 강화되는 것이 병행되어야 합니다. 그렇기에 정치적 사안에도 지역 차원에서 함께 목소리낼 필요가 있다고 생각합니다. 기후위기, 돌봄, 대안경제 · 일자리 · 기본소득 · 참여소득 문제를 지역에서부터 깊이 토론하고 지역 맞춤형 정책들을 만들고, 광역과 중앙정부에도 제도와 정책을 상향식으로 요구할 수 있었으면 합니다.

마지막으로 이상현 팀장님께서 하시고 싶으신 말씀이 있다면 부탁드립니다.

작년과 올해, 서울 마을 · 시민사회 정책의 '10년'을 살피는 포럼과 간담회 등이 많이 열렸는데요. 사실 우리 풀뿌리 운동의 역사는 그보다 훨씬 깁니다. 정책의 영향을 받기도 하지만, 그것만으로는 설명할 수 없는 다양한 역동이 존재합니다. 우리가 스스로 우리의 역사를 어떻게 기록하고 평가하며 앞으로를 기획할지 심도 깊은 논의가 필요하다는 생각이 듭니다.

자원순환운동으로 체감한 시민의 힘

김현정 성남환경운동연합 사무국장을 만나다

우리 사회의 갈등, 마을자치만이 풀 수 있다

먼저 자기소개를 부탁드리며 주민자치와 관련해 하시는 일은 무엇입니까.(인터뷰 당시와 변화가 있다면 인터뷰 당시 역할과 지금 하시는 일도 함께 말씀해 주시기 바랍니다.)

경기환경운동연합 정책국장을 맡고 있는 김현정입니다. 인터뷰 당시에는 성남환경운동연합에서 사무국장으로 활동했습니다. 지역에서 기후위기 대응과 탄소중립을 위해 주민자치 그룹들과 마을공동체, 주민 모임 등과 협력하여 지역과 마을의 다양한 시도들을 하고 있습니다.

김현정 사무국장님은 성남환경운동연합에서 활동하고 계신데요. 활동을 하시게 된 계기가 궁금합니다.

저는 2008년부터 성남환경운동연합의 후원회원이었습니다. 당시에는 제가 직접 환경을 지키는 일을 할 수 있는 능력과 용기가 없으니 환경을 지키기 위해 지역 운동을 하는 단체에 조금이나마 보탬이 되고 싶었습니다.

그런데 2010년 지방선거 이후 단체 활동가가 개인적인 사정으로 그만두게 되었고 단체 활동이 중단 상태에 이르게 될 위기였습니다. 그래서 현실적으로 좀더 단체에 도움이 되어야겠다고 생각을 하게 되었습니다.

성남시는 자원순환운동에서 전국 모범이 되는 곳으로 알고 있습니다. 성남시(공공기관 및 주민들)의 환경문제에 대한 공감대나 현황는 어넣습니까?

2016년부터 자원순환 영역을 지역의 기후변화대응 환경운동 파트로 중요하게 생각하게 되었습니다. 환경운동연합은 지구적인 기후변화 문제를 지역에서부터 해결하기 위해 환경운동을 하고 있는데, 이러다 보니 지역의 기후변화 자료와 우리 지역 온실가스배출량 데이터를 분석하게 되었습니다. 온실가스가 배출되는 영역은 발전소, 도로, 폐기물 등 다양하게 있지만, 주민들이 제기하는 마을 환경의제와 함께 공감대를 형성할 수 있는 첫 번째 테마가 폐기물 감량을 통해 우리 지역에서 발생되는 온실가스를 실질적으로 줄이는 것이었습니다.

　당시에는 공공기관이나 주민들은 '폐기물(쓰레기) 관리'의 영역을 자원순환이 아닌 단순히 청소행정의 영역으로만 인지하고 있었지요. 주민들이 폐기물을 가정에서 배출하면 행정은 민원이 생기지 않게 빠르게 처리해야만 하고 주민은 당연히 요구하는 분위기였습니다.

　우리에게는 소각폐기물을 줄이는 방법을 알려내는 것이 시급했고 그래서 2016년에 주민과 첫 자원순환활동을 시작하였습니다. 그래서 성남시 정책으로 시행은 되고 있으나 시민들이 모르고 있거나 잘 참여하고 있지 않은 정책을 찾아 원인을 알아내고 잘 운영될 수 있도록 시범사업을 하는 것이 행정에도 주민들에게도 도움이 될 수 있겠다는 생각을 하게 되었습니다.

　이렇게 시작된 주민참여사업이 '우유팩-화장지 교환'사업

우리 사회의 갈등, 마을자치만이 풀 수 있다

이었습니다. 사업을 시작하기 전에 주민 대상 설문을 통해 주민참여가 어려운 원인을 찾았고 이를 보완하여 시범사업을 진행하였습니다. 주민의 참여 공감대를 형성할 수 있도록 주민들로 구성된 참가자들과 함께 마을에 홍보하고 우유팩을 화장지로 나눠주는 개수도 조정하였습니다. 단체가 활동의 중심이 되어 마을주민들과 주민의 활발한 참여를 이끌어내었고 2018년에는 주민들과 함께 성남시 정책제안 공모에 '촘촘한 성남시 우유팩-화장지교환사업'이라는 사업명으로 제안하여 우수상을 수상하면서 2019년 주민들이 제안한 대로 사업내용이 개선되어 성남시에서는 자원순환정책사업으로 진행 중에 있습니다.

이를 계기로 2019년에는 한 단계 더 나아간 '성남자원순환 가게re100'사업을 진행하였습니다. 성남자원순환가게re100은 가정에서 배출되는 재활용 가능한 자원을 제대로 분리배출하여 모을 수 있는 마을 안 자원순환 커뮤니티 공간입니다. 주민들이 재활용품들을 가지고 오면 무게를 재서 지역 화폐로 인센티브를 제공합니다. 당연히 주민들의 참여가 좋답니다. 마을 안 환경도 좋아지고, 깨끗하게 모아진 재활용품들이 더러운 것들과 섞여서 소각장으로 가는 일이 생기지 않으니까요. 그리고 이렇게 모아진 깨끗한 재활용품은 100% 재활용처리기업으로 가서 원료로 됩니다. 개인의 실천이 탄소 발생을 줄여 기후위기를 막아내는 데 도움이 됐다는 자긍심도 가시게 된 거지요.

또, 중요한 부분은 성남시민들에게는 성남자원순환가게 re100으로 재활용 가능한 자원을 가지고 갈 땐 '이 정도는 깨끗해야 해'하는 가이드라인이 생겼습니다. 그리고 공동주택에서 살고 있는 주민들도 '성남자원순환가게로 재활용품을 가져갈 수는 없지만 깨끗하게 배출해야 재활용이 될 수 있는 가능성이 커지니까 한 번 헹궈서 깨끗하게 배출해야 해'라는 공감대가 만들어지고 있습니다. 그리고 실제 성남시가 공동으로 수거되는 재활용품의 질도 높아졌다는 이야기를 담당 공무원들에게 듣고 있습니다.

성남시에는 공무원들도 참여해야만 하는 특별한 자원순환 정책이 있는데요, 공공기관 쓰레기 실명제입니다. 현재 성남시청에서 시행되고 있는 이 정책은 정해진 요일(화, 금)에 각 부서에서 배출되는 일반 쓰레기와 재활용품을 시청 집하장에서 부서별로 무게를 재고 실적을 모아 연말에 우수 부서를 포상하고 있습니다. 또한, 2020년 환경부가 시행한 '투명페트병 별도 분리배출' 사업을 공공기관에서도 제대로 시행하고 있는 곳은 전국에서 성남시뿐이지 않을까 생각합니다.

우유팩-화장지 교환사업, 성남자원순환가게re100, 투명페트병 별도 분리배출사업 등을 시행하면서 공공기관과 마을과 주민이 자원순환사업을 통한 소통과 협력으로 모두를 위한 공동의 가치를 실현시켜 가고 있습니다.

성남시의 자원순환가게는 분리배출 운동의 모범으로 선정돼 환경

우리 사회의 갈등, 마을자치만이 풀 수 있다

부장관 표창을 받았습니다. 성남시 신흥2동을 시범마을로 선정하고 사업을 시작하신 것으로 알고 있는데요. 자원순환운동이라는 것이 주민과 관의 적극적인 참여 없이는 어려운 일이라고 생각되는데요. 자원순환가게를 선보이게 된 과정이 궁금합니다.

앞에서 설명한 성남자원순환가게re100의 시범사업명이 '신흥이 마을광산'입니다. 신흥2동은 현재 대규모 재개발 아파트 건립 사업이 진행되고 있습니다. 재개발이 진행되고 있지 않는 지역에는 900세대가 거주하고 있습니다.

대규모 재개발사업은 기존 공동체의 붕괴를 예고하기 때문에 남아있는 이곳의 주민들은 마을에서 지금처럼 공동체가 훼손되지 않고 함께 살아갈 방법을 고민하고 마을 일에 참여합니다. 주민들이 함께 하고자 한 의제가 마을 환경미화-쓰레기 문제 해결이었고, 이를 위해 '신흥이 마을광산' 시범사업이 환경운동연합과 신흥2동 행정복지센터 그리고 900세대 주민들과 함께 시작되었습니다.

2019년 6월 말부터 21주 동안 참여한 세대수는 120세대이고 상당량의 재활용품을 수집하여 재활용처리기업으로 보내짐으로 자원재활용과 온실가스감축에 기여하였습니다, 이러한 결과를 바탕으로 성남시는 주민들과 함께 하는 자원순환정책사업으로 '신흥이 마을광산사업'을 '성남자원순환가게re100'이라는 이름으로 정책명을 정했습니다. 2020년 1월 14일 성남자원순환가게 신흥이re100을 1호점으로 2022년 12월 현재는 18개 지점을 운영 중에 있습니다.

지금은 '자원순환가게 re100'으로 자리 잡았는데 특히 이 사업은 성남시와 성남환경운동연합, 지역 내 기업체가 함께 한 것으로 알고 있습니다. 어떻게 세 곳이 손을 잡고 사업을 진행하게 되었는지 말씀 부탁드립니다. 덧붙여 이 과정에서 환경운동연합에서 하신 역할도 말씀해 주시기 바랍니다.

지역주민들과 함께 지속적으로 활동해온 힘이라는 생각이 듭니다. 우유팩-화장지 교환 시범사업을 시작으로 행정이 주민의 참여를 잘 끌어내지 못할 때 주민의 참여를 연결시켜주는 역할을 환경운동연합이 하였고 이러한 신뢰가 쌓이면서 다양한 주민참여 시범사업을 할 수 있었습니다. 기업이 행정에 새로운 사업을 제안할 때, 행정과 함께 사업실현가능성을 검토하고 환경운동연합은 마을에 리빙랩을 만들었습니다. 그리고 우리는 이곳에서 주민들이 참여할 수 있는 장을 열었고, 자원순환 커뮤니티를 단단하게 하는 구심점이 되어 주민의 참여와 운영을 안정화시키는 역할을 했습니다.

자원순환운동의 특성상 주민들의 직접적인 참여가 없이는 불가능하다고 볼 수 있습니다. 주민들의 참여를 견인하기 위해 주민(마을)자치 단체와의 연대가 중요하지 않을까 싶습니다. 주민(마을)자치 단체와의 관계는 어떻게 풀어 나가셨는지 궁금합니다.

'신흥이 마을광산' 운영 초기에는 신흥2동 동장님께 사업 취지를 설명드리고 주민자치위원회, 유관기관들과 마을주민을 대상으로 사업설명회를 진행하였고 참여를 요청드렸습니다. 그리고 신흥2동 주민을 대상으로 자원순환마을활동가 양성과정을 진행하였는데 주민들과 통장님들의 참여가 많았습니다. 이 분들이 지역의 활동가로 활동하면서 사업에 대한 홍보와 신뢰도를 더 높일 수 있었습니다.

자원순환운동을 하시다 보면 주민들과 공무원들을 직접적으로 대면할 일이 많으셨겠습니다. 좋은 만남도 있으셨을 텐데요. 독자들에게 자랑하고 싶은 좋은 경험이 있으신가요?

'신흥이 마을광산' 자원순환 활동가 양성을 할 때 지역주민인 자매분이 교육을 받으셨습니다. 현수막을 보고 관심이 많아서 왔다고 하셨고 교육받는 기간 동안 너무 열심히 하셨습니다. 그리고 교육이 끝나고 '신흥이 마을광산' 자원활동가로 활동을 시작했고 지금은 성남자원순환가게re100의 으뜸 활동가로 활동을 하고 계십니다. 언니는 성남시 자원순환과 자원순환기간제 공무원으로 2년째 일을 하고 계시고 동생 분은 성남자원순환가게 신흥이re100의 책임활동가로 2년째 활동하고 있답니다. 그리고 동생 분은 성남시 자원순환마을리더 양성을 위한 교육강사로도 열심히 활동하면서 개인의 역량을 넓혀가고 있습니다. 이러한 모습이 그린뉴딜이 만들어가고자 하는 마을과 지역 일자리이지 않을까 생각도 해봅니다.

성남시의 모범적인 자원순환운동은 전국으로 확산되어야 한다고 생각합니다. 심현성 국장님은 사원순환운동이 확산되기 위한 필요

올 초에 행정안전부에서 '성남자원순환가게re100'을 견학하기 위해 찾아 왔었고 주민들의 참여와 이곳에서 일하는 마을활동가와 기간제들을 만나보시고는 이와 같은 사업은 전국 확산에 의미가 있다고 칭찬을 하고 가셨답니다. 그리고 얼마 전 행정안전부에서 경기도 성남시 '자원순환가게re100'을 모델로 한 올바른 재활용 실천·확산 시범사업 공모를 진행했습니다. 35개 지자체가 37건의 사업을 응모했고, 광주광역시 동구, 강원도 횡성군, 충청남도 부여군, 전라북도 남원시, 전라남도 여수시·해남군, 경상북도 예천군 등 7개 사업이 선정됐습니다. 이미 성남자원순환가게re100 모델은 전국 확산이 되고 있습니다.

이러한 확산과 성공은 민관기업의 진솔한 소통과 현안문제를 해결하고자 하는 의지에 달렸다고 봅니다. 그리고 사업실행 의지가 주민참여를 끌어내는 동력으로 작용했다고 생각합니다.

직접민주주의에 대한 관심과 고민이 깊어지고 있습니다. 직접민주주의와 주민자치는 밀접한 관계인데요. 자원순환운동 현장에서 활동하시면서 느끼신 직접민주주의의 성공 가능성에 대해 질문 드립니다.

직접민주주의는 사람이 모이고 이야기가 소통되고 그 소통을 통해 우리가 고민하는 것을 함께 해결하는 것이라 생각합니다. 마을 안 쓰레기 배출의 문제는 오랫동안 마을이나 공동체 의제로 등장했습니다. 그런데 문제는 잘 해결되지 않았습니다. 이유는 쓰레기의 문제는 단순히 주민들의 협력만으로 해결될 수 있는 문제는 아니기 때문입니다.

변화할 수 있는 시스템을 행정과 주민이 함께 고민하면서 한 단계 한 단계 개선해 나가고 우리 지역에 맞는 맞춤형 시스템을 찾아야 합니다. 이렇게 되기 위해서는 주민들이 모여 우리 마을에 맞는 시범사업들을 계속 계획하고 시도하여 좋은 사업들은 계속 지속하기 위해 지혜를 모아야 하겠지요. 이것이 직접민주주의이고 주민자치라 생각합니다.

마지막으로 김현정 사무국장님이 하시고 싶은 말씀 있으면 해주십시오.

'Think globally, act locally!'(세계적으로 생각하고, 지역에서 행동하라!)라는 구호를 많이 들어보셨을 거예요. 우리에게 닥친 기후위기라는 지구적인 문제를 지금 우리가 서 있는 장소인 마을에서부터 시작하면 좋겠습니다.

지금 당장!

자원순환 실천 주민참여는 곧 주민들의 능동적인 기후위기 대응 행동입니다.

마을활동가는
풀뿌리민주주의 농부입니다

학교 선배 중에 서울 강북구에서 마을활동을 하는 언니가 있습니다. 언니는 15년이 넘는 시간 동안 강북구 어느 동네 언덕에 자리한 작은 공간에서 처음 보는 사람들과 관계를 맺고 있습니다. 동네 사람들과 통기타도 배우고 겨울에는 산타가 되어 아이들에게 선물을 나눠주고 여름에는 열무국수를 나눠 먹으며 마을과 사람을 잇는 일을 합니다.

주민자치 활동가 인터뷰를 시작한 2년 가까운 시간, 30여 분이 넘는 활동가들을 만나면서 언제나 떠오르던 사람이 강북구 마을지기였습니다. 동네에서 지나치는 낯선 사람들이 '우리 동네 사람들'로 서로 만나기 위해 수년 동안 편안한 새벽잠도 기꺼이 포기했던 언니의 정성이 30여 분의 주민자치 활동가들의 얼굴에 비쳤기 때문입니다.

직접민주주의가 올바른 길이라고 말합니다. 주권자가 주인이 되는 세상을 만들어야 한다고 말합니다. 이를 위해 마을을 살려야 한다고 주장합니다. 그러나 대의와 주장이 토론장과 회의실을 넘어서지 못하는 모습을 많이 봅니다.

주민자치 활동가는 풀뿌리민주주의의 농부라고 생각합니다. 뿌리를 잘 내리도록 땅을 비옥하게 다져 주고, 궂은비라도 내릴라치면 새벽잠도 잊고 들판으로 뛰어가고, 열매가 잘 익을 수 있도록 거름도 치고 벌레도 잡아주는…. 정성을 다 바친 농부는 한 톨의 열매도 허투루 여기지 않습니다.

주민자치 활동가 인터뷰를 진행하면서 느낀 점이 있습니다. 말이 어렵지 않았습니다. 누구나 이해할 수 있는 쉬운 말로 마을을 이야기했습니다. 그리고 마을에서 만난 사람들에 대한 좋은 기억이 정말 많았습니다. 아마도 자신들의 삶과 생활이 '마을'이어서 그러지 않았을까 싶습니다.

주민자치 활동가는 큰 목소리가 오고가는 토론장과 회의실을 넘어 마을을 터전으로 풀뿌리민주주의를 키워내는 '찐 운동가'라고 감히 말하고 싶습니다. 그들이 키워낸 풀뿌리민주주의는 더 많은 '찐 활동가'를 만들어내고 더 많아진 '찐 활동가'들은 더 큰 직접민주주의를 키워낼 것이라고 자신합니다.

이 책에 자신의 이야기를 담아주신 21분의 주민자치 활동가들과 전국 곳곳에서 소리없이, 거대한 풀뿌리민주주의를 키워내고 있는 진짜 활동가들에게 작은 감사를 드립니다.

박준영 | 직접민주주의뉴스 기자, 주권자전국회의 홍보팀장

작지만 확실한 행복(소확행)을 만들어가는 주민자치활동의 활성화를 기대

직접민주주의 뉴스 기자로서 부천과 인천지역 주민자치 활동가 몇 분을 인터뷰하였습니다. 개인적으로 많은 분들을 인터뷰하지 않았지만, 다른 주민자치 활동가 인터뷰 기사와 함께 지역 곳곳에서 '작지만 확실한 행복'을 추구하는 사람들의 활동이 많다는 것을 알게 되었습니다.

나와 가족, 나아가 마을 주민들이 함께 행복하고, 건강한 마을을 만들기 위해 헌신적으로 활동하시고 계시는 분들에게 감사의 마음을 전하고 싶습니다.

내가 인터뷰한 분들의 이야기를 들어보면 정치 문제보다는 친환경적인 문제와 수돗물 문제, 마을공동체 회복운동, 전통 발효주를 빚으면서 마을공동체 문화를 활성화시키기, 주민자치회 등을 통한 활동이 중심이었습니다. 대부분의 활동은 회원들의 회비와 후원금, 지자체의 지원사업 등을 통한 자금 등으로 이루어졌습니다. 그리고 같은 지역에서 마을공동체 만들기 활동을 하는데도 서로 교통이 없어서 알지 못하는 형편이었습니다.

인터뷰 중 주민자치 활동가들의 지속성, 주체적 활동 등을 강조하는 이야기가 많이 있었습니다. 마을공동체와 주민자치의 양적·질적 발전을 위해 참으로 중요하다고 생각합니다. 직접 활동가들을 만나서 인터뷰를 하니, 더 많은 감정을 전달 받을 수 있어서 소중한 시간이었습니다. 가장 기억에 남는 말은 부천 송내동의 소란협동조합의 2기 이사장 미라바이 씨의 말이다. "아이들이 어릴 때 송내동에 있는 대안교육 산방과후를 다녔고, 아이들이 커서는 다른 지역으로 이사를 갔다가 다시 송내동으로 왔습니다. 다른 지역보다 송내동으로 오고 싶었습니다." 다시 돌아오고 싶은 마을이 있다는 것은 살면서 행복한 일인 것 같습니다.

소란협동조합 인터뷰 내용은 이번 책에 실리지 않아 아쉬운데 다음에는 꼭 실렸으면 좋겠습니다.

그리운 마을, 살고 싶은 마을, 내가 성장할 수 있는 마을, 마을 주민 및 공동의 문제를 해결해 가는 이웃들이 있는 마을, 친환경적인 마을, 문화가 있는 마을을 만들기 위한 주민자치 활동의 활성화를 기대해 봅니다.

구광숙 | 직접민주주의뉴스 기자, 3.1민회 부의장